JN279624

国際比較からみた
日本の職場と労働生活

石川晃弘・白石利政 編著

学文社

執 筆 者

*石川晃弘	中央大学文学部教授・社会学博士	（序章，第3章，第7章，第10章）
*白石利政	労働調査協議会常務理事	（序章，第1章，第2章，第8章）
西村博史	労働調査協議会主任調査研究員	（第4章）
﨑岡利克	電機連合労働調査部アドバイザー	（第5章）
小寺京子	中央大学文学部非常勤講師	（第6章）
呉　冬梅	中央大学大学院文学研究科博士課程在学	（第9章）
岸　保行	早稲田大学大学院アジア太平洋研究科博士課程在学	（第9章）

（執筆順　*は編者）

はしがき

　本書は，電機連合（旧電機労連）のイニシアティブで実施された労働者意識国際共同調査の結果の再分析から生まれたものである．

　この調査は東西ヨーロッパ諸国と東アジア諸国をカバーし，1984年‐85年，1994年‐96年，1999年‐2001年の3度にわたって行われ，労働者の意識からみた労働生活の質に関して膨大な情報を蓄積した．労働組合が主宰したこのような規模の国際調査は，世界でおそらくこれが唯一のものであろう．

　この調査作業は参加国の研究者からなる自主的な国際共同研究チームによって進められ，その成果の一部は英文でドイツの出版社からすでに2冊に分けて刊行され，さらにいまもう1冊が準備されている．これらをふまえて，本書は，日本の現在の問題状況にひきつけてそのデータを再分析し，日本の各界に向けてこの調査からのメッセージを発しようと意図して編まれた．

　ここで用いるデータは電機連合（旧電機労連）主宰の国際共同調査から得られたものではあるが，本書の各章で発せられているメッセージはそれぞれの執筆者の責任において書かれたものであって，電機連合の公式見解を表わすものではない．また，各章はそれぞれ独立した内容で満たされているので読者は上の章から読み下ろしていく必要はなく，関心の赴く章を選んでお読みいただければいい．この本が日本における労働生活の質を理解する上でなんらかの寄与ができ，その改善と向上に役立つ知見を提供できれば執筆者一同にとってこれにまさる喜びはない．

　この調査を最初に提案したのは，当時の電機労連調査部長，石垣辰男氏であった．石垣氏は永遠の文学青年で，酔うとフランス文学とドイツ文学を語って夜を徹するようなお方だった．そのような氏が，労働組合運動の中にあっていつも関心を寄せていたのは人間としての労働者の意識であった．氏は，1960

年代から組合員の意識調査を数多く手がけ組合員の人間像を描き出すことに専念しておられた．そしてその延長線上に労働者意識の国際比較の企画が浮かび上がった．その企画を練り上げるうえで石垣氏と協力したのはキース・サーリー教授（ロンドン大学ロンドン・スクール・オブ・エコノミックス）とマルク・モーリス教授（フランス・労働経済・社会研究所）とわれわれ2人であったが，このうち石垣氏とサーリー教授は今はこの世におられない．この調査におけるご両名のご貢献にあらためて感謝するとともに，心からご冥福をお祈りしたい．

第2回調査（1994年‐96年）は，ヴェリコ・ルス教授（リュブリアナ大学社会科学研究所）の第1回調査からの10年間の比較をしてはとの申し出から始まった．そして第3回調査（1999年‐2001年）は，鈴木勝利氏（当時の電機連合委員長）の，この変化の激しい世の中で労働者の意識の動きをつかむためには次回の調査は少しはやめて5年位先に実施してはどうかとの提案がきっかけとなった．調査の継続のきっかけと調査への支援にご尽力いただいた両氏に，改めて感謝申し上げたい．

最後に，この調査の機会を与えてくださり，国際会議の開催などでご配慮をしてくださった電機連合の役員の方々と調査部のスタッフ，事務局の役割と煩瑣なデータ処理を担当してくださった労働調査協議会の皆様，調査に関わった各国パートナーの人たち，日本での調査に協力くださった単組の方々，そして本書の刊行を実現してくださった学文社社長の田中千津子さんと編集部の方々に，厚く御礼申し上げたい．

2005年8月6日

編　者

目　次

序章　本書の背景と意図 ･･････････････････････････････････ 1
1．調査の背景　　1
2．調査の概要　　3
3．調査の結果　　6

第Ⅰ部　労働生活の諸相

第1章　職場生活の満足感とその構造 ･････････････････････ 10
1．問題の背景と本章の課題　　10
2．職場生活の総合評価　　12
3．職場生活の構成要素　　13
  3-1　職務の範囲　13／3-2　職務の性質　17／3-3　労働条件と職場関係　20／3-4　参加　23
4．職場生活の満足感をもたらす諸要素間の関係　　24
5．要約—日本の特徴—　　27

第2章　定着意思と転職意思—西欧・東欧・東亜比較— ･･････････ 28
1．問題の提起　　28
2．定着と転社の意思　　30
  2-1　転社回数，勤続年数，雇用保障　30／2-2　定着・転社意思　32
3．定着・転職意思のモデル　　35
  3-1　モデルの構成　35／3-2　モデルの適合度　35／3-3　分析結果と解釈　37
4．総　括　　42

第3章　日本的労働生活の陰鬱—フィンランドと比較して—……… 45
　1．なぜフィンランドと比較するか　45
　2．観察の対象　46
　3．比較観察と発見　48
　　3-1　労働生活の満足度　48／3-2　企業への帰属意識　50／3-3　事業所内の諸関係　52／3-4　仕事の意味　53
　4．要約と総括　54

第Ⅱ部　格差と平等

第4章　社会的格差と平等観の変化 ……………………………… 60
　1．問題の背景と本章の狙い　60
　2．社会的格差の現状に対する評価　61
　3．社会的格差意識の推移　66
　4．富と収入の望ましい配分原理　67
　5．目指されるべき社会像　72
　6．グローバル化と平等観の変化　76

第5章　賃金の差を決めるもの ………………………………… 79
　1．はじめに　79
　2．賃金決定要因は何か　80
　3．賃金決定要因の分類と国際比較　82
　　3-1　賃金決定要因の分類　82／3-2　一般的観察　83／3-3　年齢階級別・職種別観察　85
　4．日本の特徴—結びに代えて—　88

第6章　職場におけるジェンダー問題
　　　　—性別職務分離の実態とジェンダーの再編— ………… 90
　1．はじめに　90

2．問題の所在；職務・職域の性別分離と賃金格差　91
3．サンプル構成にみるジェンダーの編成　93
   3-1　女性比率　94／3-2　「若年・短期・未婚型」から「中高年・長期・既婚型」へ　94／3-3　職種構成　95／3-4　学歴構成　97
4．職務分離の実態　97
   4-1　職務分離　98／4-2　職域拡大と性別分離　99／4-3　仕事内容　101／4-4　職務拡大と性別職務分離の強化　105
5．賃金格差　106
6．結び──分離から統合へ向けて──　108

第Ⅲ部　上司・組合・労働者

第7章　職場における上司の機能 ………………………………… 112

1．はじめに　112
2．課題と方法　113
3．上司の利害代表度　116
   3-1　労働関連事項における上司依存度　117／3-2　作業関連事項における上司依存度　118／3-3　労働関連事項と作業関連事項との関連　120
4．利害共通感と上司満足度　121
5．日本の「上司」の特徴──結びに代えて──　124

第8章　職場の組合役員──そのプロフィール── ………………… 127

1．問題の提起と分析の対象　127
2．組合役員の個人属性　128
3．組合に対する態度　130
   3-1　組合活動に対する評価　130／3-2　組合評価の背景　132／3-3　組合の取り組み課題　135
4．会社に対する態度　138
5．総　括　140

第9章　東アジアの労働者と労働組合
　　　　　—組合帰属意識の日中韓比較分析— ······················ 143
　1．問題の背景と本章の狙い　143
　2．組合組織率の低下傾向　144
　3．組合帰属意識の諸相　146
　　3-1　組合帰属意識の測定とその分布　146／3-2　組合帰属意識の主な担い手　148
　4．労働組合の機能と組合帰属意識　152
　5．組合帰属意識と企業帰属意識　156
　6．労働組合の力量強化のための重点課題　157
　7．結びに代えて—中国の労働組合はどこへ行く—　158

第10章　労使関係意識の2類型とその変容
　　　　　—「二重帰属意識」をめぐる国際比較— ···················· 161
　1．はじめに　161
　2．帰属意識パターンの2類型　163
　3．帰属意識パターンの持続と変容　168
　4．その後の動向　171
　5．総　括　172

国際共同調査チーム参加者：氏名と所属　177
調査票　179
有効回収枚数からみたサンプル構成　194

序章　本書の背景と意図

1. 調査の背景

　人々の意見や要望を訊ねるアンケート調査は，今日，あちこちでさかんに行われている．しかしアンケート方式による意識調査が日本で普及するようになったのは，そう昔のことではない．労働者意識の調査に関していえば，それは戦後まもなく社会学者たちによって手がけられるようになったが，広く行われるようになったのは高度経済成長が頂点に達したころのことである[1]．

　もっとも，戦前・戦中にも労働者意識調査なるものがあった．しかし，それは労働者の思想状況や道徳観の調査であって，現実生活の中から滲み出てくる労働者の意識を人間遡及的に実証するというタイプの調査ではなく，国家が前提とする公的イデオロギーに照らして，個々の労働者がそれをどれだけ受容しているかを調べる，いわば「規範的」調査であった．

　戦後になると今度は個人意見を集めるアメリカ流の世論調査が盛んになった．その背景には戦後民主主義の流れがあり，個人は公権力に拘束されない自らの私的な信念と意見を持ち，その信念や意見は多数派であれ少数派であれ社会的に尊重されねばならない，という思想的前提があった．そしてまた，そこには，個々人の意見の総体としての世論が，政治に反映されるべきだという含みがあった．この意味で世論調査は民主主義のツールと考えられた．

　このような世論調査が労働組合に取り入れられ，組合員意識調査として展開しだしたのは，1960年代後半であった．この時期に労働組合がこれに取り組

みだしたのには理由がある．

　第1に，この時期には雇用が著しく拡大して労働者が増え，組合の組織規模も巨大となり，執行部が政策作りをする上で，従来のような職場討議の積み重ねでは不十分であることが目に見えてきた．そのため，組合員個々人から直接に要求や意見を聞くメカニズムとして，アンケート調査が使われるようになった．

　第2に，1960年代の高度経済成長期には生産現場に大量の高卒労働者が流入してきた．古手の管理者や組合幹部からみると，彼ら若年労働者の意識は従来の労働者が持っていた伝統的なそれとは異質な，理解が困難な代物であった．その意識を知り理解することが，組合のリーダーシップにとっても重要な課題となった．そしてそれを知る手段として，アンケート調査が使われた．

　第3に，組合の政策や方針を決める参考として，たとえば賃金要求調査などをアンケート方式で行っていたが，個別的な要求や意見の底に横たわる労働者のニーズと価値観を明らかにし，その変容を見定めながら「あるべき労働組合」像を求めていこうという関心が，組合の調査担当者や活動家の中から出てきた．そしてそれを探るための設問の工夫や分析方法の開発が行われるようになった．

　一連の組合員意識調査の中でその魁をなし，その後も大量な調査結果を蓄積してきたのは，数ある労働組合の中で，まずは電機労連（のち電機連合と改称）だといっていいだろう．電機労連調査部は1960年代以降，労働調査協議会と協力して大規模な組合員調査を積み重ね，日本の組織労働者の労働生活の実態を意識調査から明るみに出しながら，現実の労働者像を統計的手法で描き出してきた[2]．そして，その実績をふまえて，労働組合運動の伝統を誇る欧州主要国との比較調査によって，日本の労働者像を相対化し，労働組合の組織と運動のありかたを見直そうと意図し，1980年代に入ってその準備に取り掛かった[3]．まずは，この調査企画への呼びかけに応じた各国の調査研究者（主として社会学者）による国際共同調査チームが編成され，調査の設計と実施はこのチームの自主的作業として進められた．

2. 調査の概要

　この国際調査はまず1984年－85年に実行され（以下，85年調査と略称），その追跡調査として1994年－96年(以下，95年調査と略称)と1999年－2001年(以下，00年調査と略称)に繰りかえされた．

　85年調査で対象国となったのは，日本を含めて9ヵ国1地域（イギリス・フランス・西ドイツ・イタリア・スウェーデン・ポーランド・ハンガリー・ユーゴスラビア＝スロベニア・香港）である．ここでは西欧の主要国のほか，福祉国家を代表するスウェーデンと，社会主義体制下の東欧2ヵ国と，労働者自主管理制度を敷くユーゴスラビアと，当時アジアで日本に次ぐ経済水準を示していた香港を含め，比較体制論的関心を労働者意識の実証研究に持ち込んだ．

　その10年後に実施された95年調査には，新たに北欧からフィンランドが，東欧からチェコとスロバキア，アジアから中国，韓国，台湾が加わり，さらに協同組合経営の成功例として世界的に知られるモンドラゴン（スペイン）も含まれることとなった．その反面，イギリスと香港の参加は得られなかった．したがって95年調査の対象国は合計で14ヵ国となった．この調査では85年調査対象国の10年間の変化を追跡できただけでなく，社会主義崩壊後の東欧諸国の状況を把握でき，また，東アジアの国々を含めることによって，この地域における日本の労働者意識の特徴を比較検討することが可能となった．

　さらにその5年後の00年調査では，ソ連から離脱して独立したエストニアからの参加があり，また，調査機関への委託を通してアメリカのデータも得られた．しかし調査対象企業への接近の難しさからスウェーデンからの参加は得られなかった．結局この調査に参加したのは16ヵ国である．この調査によって，冷戦体制崩壊後のグローバリゼーションのもとで進んだ，東西ヨーロッパと東アジアにおける労働生活の変化を，追究することができた．

　以下の各章でこれらの国に言及するさい，国と地域の表記について注意しておきたい．

第1はスペインについてである．スペインといっても，実際に調査で対象としたのはモンドラゴン協同組合である．これはけっしてスペインを代表する組織とはいえない．したがって，本書の各章での表記は「スペイン（モンドラゴン）」あるいはたんに「モンドラゴン」としてある．

　第2は台湾である．台湾は中華人民共和国の公式見解では同国の一部であって独立主権国ではないということになっており，日本政府もこの見解にしたがっているが，事実上，中華人民共和国とは違う政治経済体制をとり，社会文化的にも独特な特徴をそなえており，経営と労働の営み方を見ようとするとき，その独自性を認めざるをえない．それゆえ，ここでは台湾を「台湾」と表記して観察と分析の対象としていく．

　第3は「東欧」である．具体的にはポーランド，チェコ，スロバキア，ハンガリー，スロベニアを指す．これらの国は現在「中欧」諸国と呼ばれているが，われわれの85年調査では体制比較の問題意識があり，社会主義体制崩壊のこれらの国の追及という関心があったので，95年調査と00年調査でも「東欧」という呼称ををとりつづける。

　なお，ドイツに関しては，00年調査で回収したサンプル数がかなり少なくて統計解析に堪ええないため，分析対象から外してある．

　調査の対象は電機産業の雇用者で，まず各国で事業所を選び，次にその事業所で雇用者を抽出した．85年調査では，各国とも重電，家電，通信，部品の事業所からそれぞれ従業員規模500人以上の工場と300人未満の工場を選び，前者から各300人（部品は250人），後者から各150人を無作為に抽出し，前者のうち各250人以上（部品は150人以上），後者のうち各150人以上からの回答の回収を期待し，配票法（一部の国では集合法と面接法）による調査を実施した．95年調査では業種を家電と通信に限定し，従業員規模500人以上の工場から各300人を抽出することとし，85年調査で選んだ事業所を再度対象とすることを原則とした．しかし一部の事業所，特に東欧の事業所は，すでに閉鎖や組織再編や事業転換で追跡が不可能となっていたため，この原則は必ずしも守られえず，そのため，85年調査の対象事業所に類似した他の事業所

を選ばざるをえないケースもあった．00年調査も95年調査の方法を踏襲した．ただし，アメリカでは上のような方法でサンプルを選ばず，現地調査機関が独自に電機産業の工場が立地している地域から抽出し，電話法で回答を得ているので，章によってはこの国を観察対象からはずしている場合もある．有効回答票からみたサンプル構成は本書巻末に載せてある．なお，この調査で用いた質問票（調査票）は，国際共同調査チームによる検討をへてまず英文で作成され，これを各国のパートナーがそれぞれの国語に翻訳して使用した．

　日本に関しては85年調査では上記の4業種の事業所からサンプルを抽出したが，95年調査と00年調査では85年調査で選んだ家電の2企業と通信の2企業の同じ工場で調査を実施している．これらの企業には電機連合傘下の労働組合があり，その組織が組合員に対して調査票の配布と回収を行った．したがってサンプルとなったのは全員が組合員であり，非管理職の正規従業員である．パートなど非正規従業員の比率は，00年調査をみるとイタリアのサンプルで1割強を占めるが，他の国々では正規従業員が9割以上をなしている．ただし組合の組織形態の違いから，サンプル中に占める組合員の比率は国によって異なる．

　抽出された従業員の職種は，「現業職」「事務職」「技術職」「管理・監督職」「その他」に分類されている．このうち「技術職」は，さらに＜テクニシャン＞と＜エンジニア＞とに分けられる．これはヨーロッパの職種階層の分類に沿っている．「事務職」には営業・販売の職種も含まれる．「現業職」はいわゆるブルーカラー職種である．これは日本国内の調査では「技能職」と呼ばれているが，＜テクニシャン＞（技手）との混同を避けるため，本書ではこれに「現業職」という用語をあてる．「管理・監督者」は日本の場合は監督者のみであるが，国によっては工場内部の中間管理者が入っている．しかしその数は僅少で，統計上の傾向を左右するほどのものではない．

　なお，本文中で「企業」と「会社」という言葉がしばしば使われるが，これらは同義である．また，「従業員」と「労働者」という言葉が出てくるが，前者は企業のメンバーであることを強調して用いられ，後者は一般に労働従事者

という意味で使われているとしても，内容的には同じである．

3. 調査の結果

　調査の結果はすでにいくつか公刊されている．日本語では85年調査結果が電機労連「調査時報」第212号（1986年6月），95年調査結果が電機連合「調査時報」第287号（1996年7月号），00年調査結果が電機連合「調査時報」第315号（2000年12月）で，調査報告の形で発表されている．英文では，85年調査と95年調査の結果を各国パートナーが分析した2冊の本が，ドイツの出版社ペーター・ラング社から刊行されており[4]，00年調査結果に焦点をおいた国際比較研究書も準備されている[5]．

　こうした成果をベースとして，たんなる数字解説の調査報告ではなく，また一般的な各国間の比較でもなく，今日の日本の問題にひきつけてデータを再分析し，国際比較を通して日本の関係者にメッセージを発することを意図して，本書の各章は書かれた．データは電機連合が主宰した国際共同調査に基づいているが，本書で発せられるメッセージは電機連合の公式見解ではなく，各章の執筆者が自らの分析結果から導き出したものであり，その内容に関する責任は各執筆者が負っている．そして各章はそれぞれ独立した内容で書かれているので，読者は自らの関心でどの章から読みはじめてもよい．

　日本の労働者に関しては，企業に全人格的にコミットする「会社人間」だとか，集団生活を個人的関心の上に置く「集団主義」的心性の持ち主だとか，仕事に没入している「仕事人間」だとか，さまざまなステレオタイプが描かれている．また，労働組合に対する帰属意識は企業に対する帰属意識と重なって「二重帰属意識」をなし，これが他国には見られない日本独自の労使関係意識を形作っているという見解もある．しかしわれわれが実際に国際比較で調査してみると，このようなステレオタイプがかなり疑わしいことが明らかになった．企業に対する貢献意思を強く持っている従業員は国際的にみてけっして多くないし，現

実の労働生活に満足している者の割合は調査対象国の中で下位に属する．企業への定着意思も必ずしも強くない．また，二重帰属意識は日本だけのものではなく，東欧の社会主義諸国でも支配的な意識であったし，90年代に実施した2回の調査の結果をみると，西欧でもそれが増えている[6]．

　われわれの国際共同調査は，こうしたさまざまな事実発見を通して，旧来の固定観念から解放された新たな見地を，社会と労働に関する認識に取り入れるためのデータを提供してきた．本書で扱われるのはその一部であって，多方面からのこのデータの活用と，将来にわたるこの種のデータの継続的な蓄積が望まれる．

（石川　晃弘
　白石　利政）

注）
1) 詳しくは，石川晃弘『社会変動と労働者意識』日本労働協会，1975年所収の「関連文献・調査一覧」を参照．
2) この一連の調査の諸結果は，電機労連（現・電機連合）『調査時報』誌で報告されている．
3) この間の事情とその後の展開については，石川晃弘「電機労働者意識の国際比較調査―その経過と結果―」『労働調査』（334号），1996年12月，参照．
4) Roderick Martin, Akihiro Ishikawa, Csaba Mako and Francesco Consoli (eds.), *Workers, Firms and Unions: Industrial Relations in Transition*, Peter Lang, 1998; Akihiro Ishikawa, Roderick Martin, Witold Morawski and Veljko Rus (eds.), *Workers, Firms and Unions Part 2: The Development of Dual Commitment*, Peter Lang, 2000.
5) Akihiro Ishikawa, Chris Warhurst and Csaba Mako (eds.) (forthcoming), *Work and Employee Representation : An Internal Study of the Electronics and Electronic Industry*, Chuo University Press, 2005.
6) この点に着目してわれわれの2冊目の英文刊行物 *Workers, Firms and Unions Part 2*（Peter Lang, 2000）では，その副題を"The Development of Dual Commitment"（二重コミットメントの発達）と付けた．

第Ⅰ部
労働生活の諸相

第1章 職場生活の満足感とその構造

1. 問題の背景と本章の課題

　ちょうど日本経済が高度成長の道を突っ走っていた1960年代中ごろから70年代初めにかけて，技術革新とフォード主義的作業編成のもとで「人間労働の疎外」問題が大きく提起された．一方では所得が向上して消費生活は豊かになったが，他方では作業が単純化され労働が単調となり，仕事から充実感が得られないという事態が広がり，その結果として欠勤率の増大や企業への定着率の低下が問題視されるようになった．ここから「労働生活の質」の改善が労使双方の関心となった．

　やがて1970年代中葉の石油危機による雇用危機，1980年代におけるＭＥ機器と産業用ロボットの普及，その後浮上したバブル景気とその崩壊，それに引き続く長期不況と，労働生活をめぐる環境は大きく変動してきた．

　国際的にみると，80年代末における東欧・ソ連での社会主義体制の崩壊とその後の民営化による産業合理化とリストラの展開，グローバリゼーション下でのメガコンピティションの中で，国の東西を問わず雇用と労働の制度や慣行の規制緩和と弾力化が推し進められ，それと同時に労働者の経営参加など産業民主主義の営みは企業の競争力確保優先のもとで後退している．中国でも開放政策と経済の市場化のもとで，国営企業の民営化や不採算企業の閉鎖，三鉄（終身雇用，固定収入，幹部の終身制）の見直しと雇用における契約社員化が押し進められてきた．こうした事態は労働者の職場生活に多かれ少なかれ影を落と

している．

　われわれが実施してきた電機産業での一連の調査にも，それがよく表われている．たとえば，社会主義体制崩壊を挟んだ85年調査と95年調査では，東欧諸国での職場生活の満足度はこの間に顕著に落ち込んでいたし，国有企業改革が現実化した時期に当たる90年代後半の中国での95年調査と00年調査の結果も，同様な傾向を示している．また，産業民主主義と福祉国家の枠組みが揺らぎだした時期のスウェーデンにおける85年調査と95年調査でも，やはりそのような傾向がみられた．その一方で西欧諸国の職場では，80年代，特にその後半から，「改善運動」などの導入，意思決定権限の下部への移譲，職域拡大と多能的労働者の育成などで脱フォード主義が図られ，これが微妙に労働者の職務満足に光を当ててきた．

　このような変動をへて，各国の職場生活はいまどういう様相を呈しているのか，それを労働者はどうみているのか．00年調査結果からこの点を追及してみたい．

　仕事観に関する従来の調査研究をふりかえると，その主な関心は，仕事が生活のなかでどのような位置を占めているのかといった，仕事の意味と価値に関わる点と，仕事に対する充実感の状態とそれの構成要因といった，職務満足に関わる点に置かれてきた．前者の例としては仕事の意味に関する国際調査などがあり[1]，後者については産業社会学や産業心理学の分野で多数の調査研究が蓄積されている[2]．本章では研究の視野を「仕事」という行為から「職場」という社会的スペースへと広げ，職場生活の満足感を構成する諸要因を検討していくことにする．ここで検討素材とするのは，職場で担当している職務の範囲と内容（職務），労働諸条件についての満足度（労働条件），経営への意見反映（参加）である．なお国際比較においてはスペイン＝モンドラゴン（調査対象者が協同組合メンバー）とアメリカ（調査方法が他国と異なる），およびドイツ（サンプル数が少ない）を除き，残りの13ヵ国を対象とする．

2. 職場生活の総合評価

95年調査と00年調査の調査票の中に，「あなたは職場生活を全体的にみてどのように評価していますか」という設問がある．回答選択肢は5段階評価の形をとっている．まずその回答分布からみてみよう（表1-1参照）．

日本に関しては次のような結果が出ている．最も多いのは「ある程度満足」（44.6％），次いで「どちらともいえない」（28.2％），そして「あまり満足でない」（18.7％）の順であり，評価の両端にあたる「大変満足」（2.0％）と「大変不満」（3.0％）はともに少ない．この回答分布から加重平均値を求めると3.2（5.0が理論的最高値，3.0が理論的中間値）となり，ほんの少し満足に傾いたところに位置する．

では国際比較からすると，日本の位置はどのあたりにくるのか．

職場生活の総合評価のトップはフランス（4.2）で4点を超えている．これにフィンランド（3.9），イタリアとスロバキア（ともに3.7），スロベニアとハンガリー（3.6），チェコ（3.5）が3点台の後半で続く．その後ろにポーランド（3.4），台湾（3.3），エストニアと日本，中国（3.2），そして韓国（3.1）がくる．この結果をみると，日本の職場生活の全体評価は下位グループに位置しており，また地域別の特徴としては西欧で高く東アジアで低いこと，東欧は国による違いが大きいことがわかる．

この点については台湾とエストニアを除いた11ヵ国で5年前と比較ができる．職場生活の全体評価は11ヵ国中9ヵ国で向上している．とりわけ東欧諸国，特にポーランドとスロベニアでそれが顕著である．残る2ヵ国のうち日本は前回と同じ，中国は唯一，評価が後退している．

ちなみに，これを国の順位で比較すると，日本は00年調査では13ヵ国中10位，95年調査では11ヵ国中7位であった．東欧圏における評価の向上により，日本の位置は下がっている．また中国は13ヵ国中10位（前回は11ヵ国中2位），韓国は13ヵ国中13位（前回は11ヵ国中10位）で5年前に比べ順位を落とし

ている．中国の結果の背景には，①調査の対象となっているのは国営企業であり，市場経済推進のなかで窮地に陥っていること，②以前と比べ生活水準が良くなり，生活改善への要求が強くなっているが国営企業では労働者の要求への対応が遅いこと，③国営企業内での労働組合の発言力が弱まり，職場での改善が進んでいないこと，などが考えられる．また，韓国においても職場の"安定"が確保されていないようである．

繰り返しになるが，職場生活の総合評価については，東アジアで低く，そのうえ改善のテンポが鈍いようである．

これを職種別にみると，日本の現業職は3.2で13ヵ国中10位，また技術職は3.3でいくぶん順位が上にくるものの8位にとどまっている．

国別の結果のなかで注目されるのは，フィンランドで両職種とも満足度が高いということである．これとは対照的に，韓国とエストニアでは両職種とも低い．

また，概して技術職の満足度は現業職より高い傾向がみられ，とりわけフランスやチェコ，ハンガリーでそれが顕著である．他方，イタリア，ポーランド，スロバキア，中国では，技術職の満足度が現業職を下回っている．その理由としては，フランスとハンガリーの技術職は管理職を兼ねたいわゆるカードル層を含んでいること，またポーランドやスロバキアや中国では，社会主義体制下での現業職重視の政策の流れがいまも影響を残していること，などに求められると思われる．

3. 職場生活の構成要素

次に，職場生活の総合評価に影響を与えていると目される諸要因を検討する．ここでとりあげるのは，先に上げた①職務，②労働条件，③参加の，3点である．

3-1 職務の範囲

担当している職務の範囲は，能力発揮の余地や技能・技術・知識の拡大と関

表1-1　職場生活全般についての満足度

	N =		<満足>の比率		5点法		備考	
	95	00	95 ①	00 ②	95 ③	00 ④	②-①	④-③
フィンランド	153	340	61.4	77.9	3.6	3.9	16.5	0.3
フランス	105	202	72.3	74.8	3.8	4.2	2.5	0.4
イタリア	583	246	68.3	72.3	3.6	3.7	4.0	0.1
エストニア		488		33.6		3.2		
ポーランド	640	631	17.2	40.9	2.8	3.4	23.7	0.6
チェコ	386	308	44.5	64.3	3.2	3.5	19.8	0.3
スロバキア	411	214	47.0	64.5	3.4	3.7	17.5	0.3
スロベニア	635	154	34.9	61.6	3.1	3.6	26.7	0.5
ハンガリー	411	517	40.7	57.8	3.3	3.6	17.1	0.3
日　本	981	870	44.3	46.6	3.2	3.2	2.3	0.0
韓　国	745	572	35.7	25.7	3.0	3.1	-10.0	0.1
台　湾		253		30.0		3.3		
中　国	549	453	62.5	35.5	3.6	3.2	-27.0	-0.4

（5点法）

	N =	現業職	順位	N =	技術職	順位
	00	00		00	00	
フィンランド	116	3.8	1	107	3.9	2
フランス	94	3.7	2	92	4.6	1
イタリア	109	3.7	2	114	3.6	6
エストニア	384	3.1	12	25	3.2	11
ポーランド	154	3.4	7	133	3.3	8
チェコ	176	3.3	8	44	3.7	5
スロバキア	138	3.7	2	24	3.5	7
スロベニア	85	3.5	5	41	3.8	3
ハンガリー	357	3.5	5	45	3.8	3
日　本	155	3.2	10	403	3.3	8
韓　国	138	2.9	13	145	3.1	12
台　湾	110	3.3	9	61	3.3	8
中　国	218	3.2	10	137	3.1	12

連している．たとえば，職務範囲が狭い，つまり職務があまりに専門分化していると，仕事への拘束度が強く，また，キャリア形成の広がりの障害となることもある．逆に，職務範囲の広さは作業負荷の増減につながる問題を含んでいる．

ここでは，仕事の種類を10項目あげ，それぞれについて「している」「していない」という回答選択肢を据えて，10項目すべてに回答したサンプルをとりあげる．この10項目については表3を参照されたい．なお，国によっては回答者に比べデータ数が少ないが，これは仕事の種類のうち「その他」が無記入になっているケースが影響している．

日本の労働者が担当している仕事の種類をみると，「1種類だけ」（32.2％）と「2種類」（28.0％）に回答は集中している．しかし，「3種類」（18.6％）や「4種類」（8.5％），「5種類以上」（12.7％）にも少なくない回答が集まっている．

フィンランドや韓国も日本同様，「1種類だけ」は2～3割強でしかなく，多くの労働者の職務は複数の種類の仕事から成っている．これとは対照的な結果がフランス，イタリア，スロバキア，ポーランド，ハンガリー，台湾，中国でみられ，これらの国の主流は「1種類だけ」である．つまりそこでは職務が細分化され専門化されている．

次に，仕事の数の平均値を算出してみた．その結果，最多はフィンランド（2.9）で，これに韓国（2.7），日本とスロベニア（ともに2.5），チェコ（2.2），エストニア（2.0）が続き，以下，スロバキアとハンガリー（1.7），ポーランド（1.6），イタリア（1.5），中国（1.4），フランス（1.3），そして台湾（1.0）となる．

この点については職種による違いがみられる．現業職と技術職の間で差の大きいのはフィンランド，エストニア，チェコ，スロベニア，ハンガリー，韓国である．これらの国ではいずれも技術職が現業職を大きく上回っている．日本はフランスやイタリア，台湾，中国などとともに両職種間で担当している仕事の種類の数が似ているグループに入る．このことは，日本では技術職だけでなく現業職も複数の種類の仕事をこなしていることを意味する．日本の現業職は平均2.8種類の仕事に従事しており，この点で他の国の現業職を大きく引き離している（表1-2）．

このことは日本の現業職には多能工が多いことを意味する．ここでその内実をつかむため，男性の現業職について仕事の内容を集計してみた（表1-3）．

その結果，日本の現業職は機械の操作や組立に特化しているわけではなく，そ

表1-2　仕事の種類

| | N= | 分布（%） | | | | | 計 | 平均 | | | | |
| | | | | | | | | | うち現業職と技術職 | | | |
		1つ	2つ	3つ	4つ	5つ以上		N=	現業職①	N=	技術職②	②-①
フィンランド	162	21.6	26.5	20.4	14.2	17.3	2.9	56	2.1	52	3.7	1.6
フランス	202	81.7	12.9	3.5	1.0	1.0	1.3	94	1.2	92	1.4	0.2
イタリア	234	66.7	18.8	11.1	1.7	1.7	1.5	107	1.3	108	1.7	0.4
エストニア	391	47.8	25.1	17.1	5.6	4.4	2.0	333	1.8	12	4.3	2.5
ポーランド	571	67.6	19.6	7.2	2.8	2.8	1.6	137	1.2	125	2.0	0.8
チェコ	212	43.4	25.0	14.6	6.6	10.4	2.2	109	1.6	34	3.5	1.9
スロバキア	209	71.8	9.6	7.2	3.4	8.1	1.7	133	1.4	24	2.8	1.4
スロベニア	141	42.6	17.7	15.6	7.1	17.0	2.5	77	1.8	38	3.5	1.7
ハンガリー	502	67.5	13.8	9.0	4.6	5.2	1.7	344	1.5	45	2.6	1.1
日　本	843	32.2	28.0	18.6	8.5	12.7	2.5	147	2.8	398	2.7	-0.1
韓　国	167	32.3	21.6	19.8	9.6	16.8	2.7	44	1.4	35	4.6	3.2
台　湾	246	98.0	2.0	…	…	…	1.0	109	1.0	61	1.0	0.0
中　国	274	77.1	12.4	8.0	0.4	2.2	1.4	125	1.5	98	1.3	-0.2

表1-3　仕事の内容

（男性現業職）

| | N= | 現在の担当している仕事の比率 | | | | | | | | | |
		機械の操作や組立	保守や修理	品質管理や検査	営業・販売・サービス	プログラミングやソフトウェア	事務やデータ処理	管理・監督	製品に関する研究開発・設計	製造工程に関する研究開発・設計	その他
フィンランド	24	62.5	70.8	79.2	8.3	12.5	…	25.0	…	8.3	8.3
フランス	69	71.0	15.9	8.7	…	…	…	…	5.8	4.3	4.3
イタリア	44	68.2	18.2	18.2	2.3	4.5	…	15.9	2.3	6.8	6.8
エストニア	56	51.8	37.5	17.9	7.1	…	1.8	…	…	…	42.9
ポーランド	108	50.0	40.7	9.3	…	0.9	…	8.3	4.6	2.8	4.6
チェコ	84	57.1	40.5	26.2	…	6.0	2.4	1.2	4.8	2.4	29.8
スロバキア	27	44.4	48.1	11.1	…	…	3.7	7.4	3.7	…	14.8
スロベニア	66	66.7	33.3	30.3	…	3.0	9.1	15.2	4.5	3.0	30.3
ハンガリー	140	67.1	44.3	30.0	1.4	5.0	7.9	7.1	7.1	6.4	6.4
日　本	102	54.9	53.9	55.9	4.9	18.6	33.3	32.4	14.7	19.6	26.5
韓　国	47	89.4	36.2	36.2	4.3	2.1	8.5	4.3	…	…	6.4
台　湾	59	30.5	16.9	15.3	13.6	1.7	1.7	…	…	10.2	11.9
中　国	76	65.8	21.1	11.8	14.5	3.9	2.6	3.9	2.6	2.6	11.8

の職務の範囲は保守や修理，品質管理や検査，さらには事務やデータ処理，管理・監督の仕事にまで広がっていることがわかる．日本の現業職はグレーカラー労働者化しているとみられる．

3-2　職務の性質

次に職務の性質について検討していく．ここでは，職務の性質に関する次の8つの項目をとりあげて検討する．項目は「仕事を通して能力が発揮できる」「自分の作業についてある程度決められる」「自分の仕事は反復的ではない」「ミスをしたら大変な結果になる」「仕事を通して新しいことが学べる」「仕事中他の人と話す機会がある」「自分の作業は他の人の仕事ぶりでは決まらない」「機械に縛られている仕事ではない」で，設問ではそれらが自分の職務にあてはまるかどうかを5点法で尋ねている．

まず，国による特徴を5点法の合計点から観察してみる（表1-4）．その数値は理論的には最低が8点（1×8），最高が40点（5×8）で，数値が高いほど職務の性質に関して肯定的な評価を意味する．分析の対象とした業種は家電，通信と部品である．

合計点の順位をみると，トップはフィンランドと日本，以下，台湾，イタリア，ポーランド，チェコ，フランス，スロベニア，中国，ハンガリー，エストニア，スロバキア，そして韓国と続く．つまり日本はフィンランドと並んで，職務の性質が肯定的な評価を得ている．

しかしこの点については職種による共通点と相違点がみられる．現業職と技術職とで比較すると，各国に共通しているのは技術職の職務の性質のほうが現業職のそれよりも，良好な特徴を持っている．

国による違いが両職種の順位を比較した際にみられる．そこには三つのグループがみとめられる．

第1のグループは現業職の順位が高い国々で，エストニア，ポーランド，日本，台湾，中国がこれに入る．このうち日本と台湾は現業職の順位では13ヵ国の中で1位と2位を占めており，現業職の職務の性質がもっとも良好な国で

ある．第2のグループはこれと対照的に技術職が順位の高い国で，フィンランド，フランス，チェコ，スロバキアがそれである．これらの国では現業職の順位がいずれも低い．つまり，職務の性質の好ましさにおいて現業職と技術職の間に大きな格差がある．第3のグループは両職種の順位が似ている国で，イタリア，スロベニア，ハンガリー，韓国がこれに相当する．ただし韓国の場合は両職種とも13ヵ国中13位で，いずれの職種においても職務の性質は良好でない．

表1-4　国別・職種別にみた職務の性質

(5点法)

	総計			現業職			技術職		
	N=	合計点	順位	N=	合計点	順位	N=	合計点	順位
フィンランド	332	29.3	1	113	23.9	10	103	32.3	1
フランス	169	27.5	7	72	23.2	12	83	31.0	3
イタリア	225	28.2	4	99	25.6	4	108	30.1	5
エストニア	452	25.6	11	360	24.4	8	21	28.4	11
ポーランド	527	28.2	4	127	25.9	3	116	29.0	8
チェコ	277	27.8	6	149	25.1	6	43	31.8	2
スロバキア	210	25.4	12	136	23.3	11	23	30.2	4
スロベニア	138	26.5	8	71	24.3	9	41	28.7	9
ハンガリー	444	25.8	10	300	25.0	7	43	28.7	9
日本	835	29.3	1	148	28.2	1	394	30.1	5
韓国	544	24.0	13	125	19.9	13	141	26.4	13
台湾	236	28.4	3	103	27.0	2	57	30.0	7
中国	407	26.2	9	188	25.4	5	128	27.1	12

注：8≦合計点≦40

　職務の性質の中身に立ち入ってその特徴を把握する目的で，8項目を因子分析にかけてみる．その結果三つの因子がみつかった．図1-1はそれを因子得点で図示したものである（N＝4,796，累積寄与率56％，回転はバリマックス法）．
　第1因子は「仕事を通して能力が発揮できる」と「自分の作業についてある程度決められる」と「仕事中に他の人と話す機会がある」からなっており，これを「仕事上の決定権」と名づける．
　第2因子は「自分の仕事は反復的だ」「自分の仕事は他の人の仕事ぶりで決

まる」「機会に縛られている仕事だ」という回答の向きを変えたものからなる．これを「仕事上の自律性」と名づける．

第3因子は「ミスをしたら大変な結果になる」「仕事を通して新しいことが学べる」からなり，仕事の遂行に際して緊張感を求められ，知識や技能習得の余地のある職務を意味している．これを「仕事上のスキル獲得」と呼ぶ．

日本はこのいずれの因子においてもプラスに位置している．同様の結果はフィンランドや台湾でもみられる．日本を含めこれらの国では，職務の性質について労働者達は肯定的な評価を与えている．

他の国々では違いがみられる．西欧のイタリアとフランスでは「仕事上の決定権」がプラスという点で共通している．しかしイタリアでは「仕事上の自律性」への評価が低い．東欧のうちポーランドとハンガリーは「仕事上の決定権」はプラスであるが，「仕事上の自律性」と「仕事上のスキル獲得」がマイナスとなっている．またチェコとスロバキアとスロベニアでは「仕事上の決定権」への評価が低い．東アジアのなかでは韓国の結果が際立っている．いずれの領域ともマイナスで，なかでも「仕事上の決定権」と「仕事上のスキル獲得」の評価が低い．中国も「仕事上の決定権」についての評価はよくない．

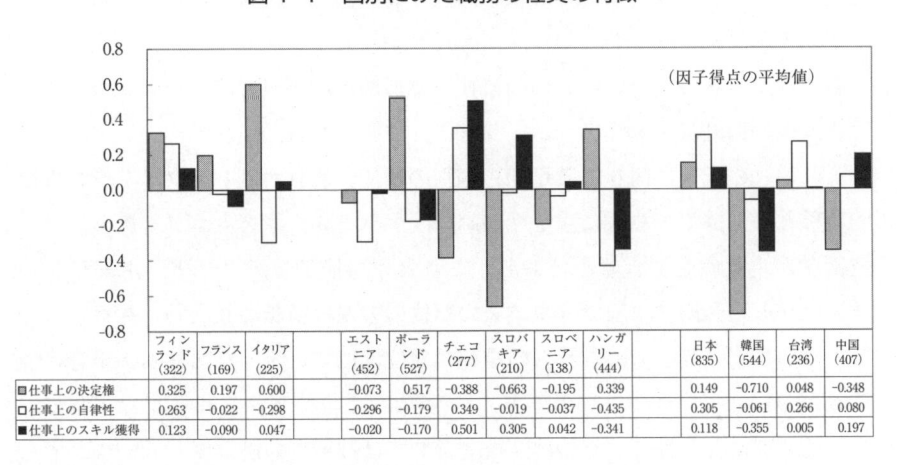

図1-1　国別にみた職務の性質の特徴

	フィンランド (322)	フランス (169)	イタリア (225)	エストニア (452)	ポーランド (527)	チェコ (277)	スロバキア (210)	スロベニア (138)	ハンガリー (444)	日本 (835)	韓国 (544)	台湾 (236)	中国 (407)
□仕事上の決定権	0.325	0.197	0.600	-0.073	0.517	-0.388	-0.663	-0.195	0.339	0.149	-0.710	0.048	-0.348
□仕事上の自律性	0.263	-0.022	-0.298	-0.296	-0.179	0.349	-0.019	-0.037	-0.435	0.305	-0.061	0.266	0.080
■仕事上のスキル獲得	0.123	-0.090	0.047	-0.020	-0.170	0.501	0.305	0.042	-0.341	0.118	-0.355	0.005	0.197

（因子得点の平均値）

3-3　労働条件と職場関係

　労働条件と職場関係については14項目をあげて，それぞれを5点法で満足度を尋ねている．ここにあげられている項目は「作業環境」「経営者・管理者と従業員との信頼関係」「作業量・作業負担」「労働時間の長さ」「給料・諸手当」「経営者・管理者の能力」「昇進の機会」「教育訓練」「雇用の保障」「男女の機会均等」「福利厚生」「上司との関係」「同僚との関係」「仕事の面白さ」で，それぞれについて「大変満足だ」から「大変不満だ」までの5段階の選択肢が設けられている．表1-5は5点法で計算したその合計点を示したもので，理論的最低値は $1 \times 14 = 14$，最高値は $5 \times 14 = 70$ である．

　サンプル全体についてみると，満足度が最も高いのはフィンランド，これにイタリアとスロバキアが続き，これら三つの国が最上位グルークを形成する．以下，ポーランド，ハンガリー，中国，チェコと韓国，フランス，エストニア，スロベニアの順で，これらの後に日本が12位で登場し，下位グループに入る．最下位は台湾である．

　これらのうち11ヵ国については95年調査のデータがあるので，時系列比較ができる．中国とフランスを除いて他の9ヵ国ではいずれもこの5年の間に満足度が上がっており，なかでも東欧諸国では社会主義崩壊後に落ち込んだ満足度が回復基調にのっている．

　職種別にみると，たいていの国で技術職の満足度が現業職のそれを上回っている．その例外はイタリア，ポーランド，中国である．

　それぞれの職種に関して満足度の国別の順位に着目すると，フィンランドは両職種とも1位で，ともに満足度が高い．フランス，エストニア，チェコでは技術職が現業職を引き離しており，これとは対照的にイタリア，ポーランド，ハンガリー，台湾，中国では現業職の順位の方が技術職より高い．スロバキアとスロベニアに関してはこれらの職種の順位は似ている．なお日本の場合は現業職が8位で中位グループの下方，技術職が11位で下位グループに属している．地域別にみて目につくのは，東アジアでは技術者の満足度が低いことであ

る．下位4ヵ国は韓国，日本，台湾，中国で占められている．

表1-5 労働諸条件についての満足度

(5点法・合計点)

	総計					現業職					技術職				
	N =		合計点		順位	N =		合計点		順位	N =		合計点		順位
	95	00	95	00	00	95	00	95	00	00	95	00	95	00	00
フィンランド	144	327	47.9	51.2	1	84	109	46.1	47.8	1	25	103	49.8	53.0	1
フランス	98	183	44.8	44.0	9		82		41.2	12	71	87	44.9	46.7	5
イタリア	436	218	43.8	46.7	2	217	101	43.4	46.7	2	125	99	43.4	46.4	6
エストニア		425		43.5	10		338		41.9	11		16		48.3	2
ポーランド	498	538	41.8	45.7	4	294	127	41.2	46.2	3	64	118	40.8	45.2	7
チェコ	331	285	41.4	44.1	7	189	158	38.8	41.5	10	45	41	44.0	47.4	4
スロバキア	375	207	41.7	45.9	3	226	135	40.3	45.2	4	81	24	42.8	47.7	3
スロベニア	574	145	39.9	43.9	11	259	78	37.5	43.5	7	157	40	41.3	44.2	9
ハンガリー	319	474	41.5	45.2	5	242	318	41.6	44.7	5	25	45	39.6	45.5	8
日 本	968	834	42.4	43.3	12	175	147	39.7	42.5	8	457	393	42.8	43.3	11
韓 国	699	540	40.4	44.1	7	380	124	38.5	40.3	13	247	140	42.0	43.5	10
台 湾		234		42.7	13		102		42.0	9		56		43.1	12
中 国	503	400	45.9	44.2	6	240	178	44.9	44.7	5	185	132	45.8	43.0	13

注：フランスの95年現業職はデータが少ないため省略．

　ここでとりあげた14の項目は，因子分析にかけると四つの領域に括られる（N＝4,810，累積寄与率60％，回転はバリマックス法）．

　第1は「作業環境」「経営者・管理者と従業員の関係」「経営者・管理者の能力」「昇進の機会」「教育訓練」で，これを「管理監督」という名で括るとする．

　第2は「給料・諸手当」「雇用の保障」「男女の機会均等」「福利厚生」で，これを「賃金雇用」とする．

　第3は「上司との関係」「同僚との関係」「仕事の面白さ」で，これを「職場関係」とする．

　第4は「労働時間の長さ」「作業量・作業負担」で，これを「作業負荷」と呼ぶ．これらを国別に因子得点の平均値で示すと図1-2のようになる．

　この図でまず目にとまるのは，フィンランドでの満足度がいずれの領域においても高いことである．残る西欧のフランスとイタリアでは，「賃金雇用」と「職場関係」と「作業負荷」については満足しているが，「管理監督」については不満となっている．

　東欧諸国では「職場関係」や「作業負荷」に関して特に満足でも不満でもないようである．他の領域では，エストニアとポーランドでは「賃金雇用」，チ

ェコでは「管理監督」と「賃金雇用」，スロバキアでは「職場関係」，スロベニアでは「管理監督」について，不満との相関がみられる．

　東アジアの結果に目を向けると，この地域で「賃金雇用」で満足しているのは日本のみであり，また「管理監督」の不満も日本のみである．そして，この地域で中国を除いた国々，すなわち日本，韓国，台湾で共通しているのは，「職場関係」と「作業負荷」に対する不満が強い．中国は「作業負荷」で満足,「賃金雇用」で不満が強い．

　繰り返しになるが，以上を整理すると，各領域ともバランスよく評価の高いのはフィンランド，「賃金雇用」に関する不満が高いのはエストニア，ポーランド，チェコ，中国，「管理監督」への不満の強いのはフランスとイタリアで，同様な傾向がみられるのがチェコとスロベニア，そして「職場関係」と「作業負荷」に対する不満が強いのは日本，韓国，台湾である．

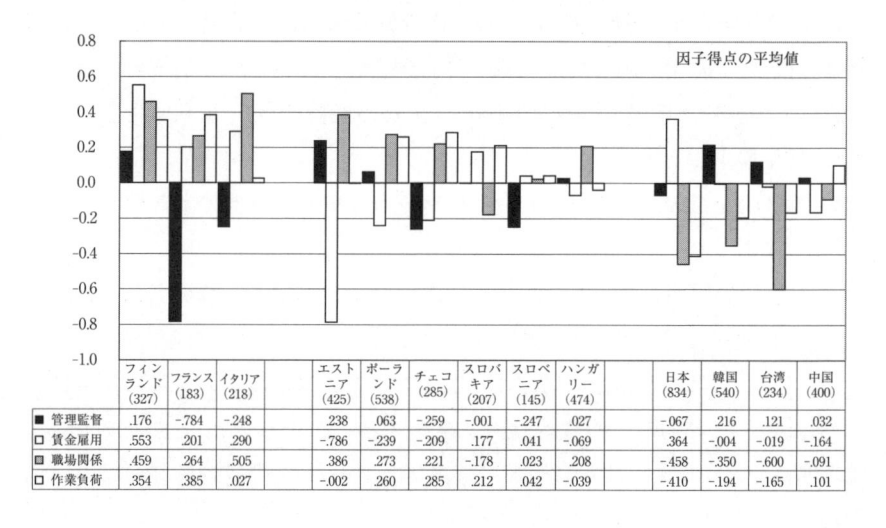

図 1-2　労働条件等についての満足度の内訳

	フィンランド (327)	フランス (183)	イタリア (218)	エストニア (425)	ポーランド (538)	チェコ (285)	スロバキア (207)	スロベニア (145)	ハンガリー (474)	日本 (834)	韓国 (540)	台湾 (234)	中国 (400)
■ 管理監督	.176	-.784	-.248	.238	.063	-.259	-.001	-.247	.027	-.067	.216	.121	.032
□ 賃金雇用	.553	.201	.290	-.786	-.239	-.209	.177	.041	-.069	.364	-.004	-.019	-.164
▨ 職場関係	.459	.264	.505	.386	.273	.221	-.178	.023	.208	-.458	-.350	-.600	-.091
□ 作業負荷	.354	.385	.027	-.002	.260	.285	.212	.042	-.039	-.410	-.194	-.165	.101

因子得点の平均値

3-4 参　　加

　参加については，事業所レベルでの経営への意思反映の程度を労働者による評価で図っている．回答選択肢は「よく反映している」から「経営には期待していない」の5段階で設けてある．これを5点法で示したのが表1-6である．

　5点満点で日本は3.1，13ヵ国中6位で中位グループに入る．この点で上位にくるのはフィンランドとハンガリーである．イタリア，ポーランド，スロバキアも上位グループに入る．これらとは対照的な結果がフランス，韓国，および台湾でみられ，これらの国における経営への意見反映感は低い．残るチェコとスロベニアと中国は，日本を含めて中位グループに位置している．

　これを職種別でみると，技術職の経営への意見反映感は多くの国で現業職を上回っている．この傾向は，チェコ（＋0.4ポイント）やエストニア，スロバキア，ハンガリー（ともに＋0.3ポイント）といった東欧の国でより顕著である．日本は，残る東欧のポーランドやスロベニアと同様，現業職と技術職との差はみられない．

表1-6　工場・事業所の経営への意見反映

（5点法・合計点）

	N=	総計	N=	現業職	N=	技術職
フィンランド	336	3.6	115	3.5	104	3.7
フランス	199	2.7	92	2.7	91	2.8
イタリア	240	3.3	109	3.3	110	3.2
エストニア	471	2.8	374	2.7	23	3.0
ポーランド	605	3.3	153	3.2	130	3.2
チェコ	307	3.1	176	2.9	44	3.3
スロバキア	213	3.3	138	3.2	24	3.5
スロベニア	152	3.0	83	2.9	41	2.9
ハンガリー	515	3.6	356	3.5	45	3.8
日　本	826	3.1	147	3.0	388	3.0
韓　国	545	2.8	131	2.7	140	2.8
台　湾	245	2.8	106	2.7	61	2.8
中　国	432	3.1	208	3.0	134	3.2

4. 職場生活の満足感をもたらす諸要素間の関係

最後に，職場生活の満足感と関係があると目される諸要素が，相互にどのような関係を取り結んでいるのかを検討する．ここでは，職場生活の全般評価（満足感）を軸に諸要素間の関係を整理する．

まず職場生活の全般評価と職務の範囲との関係からみていく．図1-3は，両者の関係を分布と回帰曲線で図示したものである．

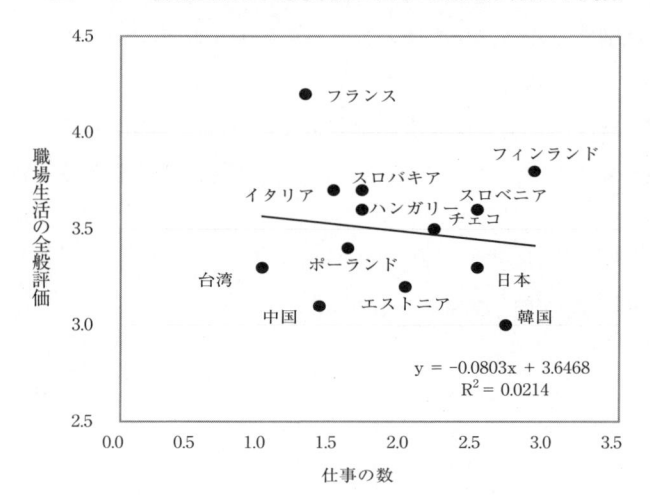

図1-3 職場生活の全般評価と仕事の種類の数との関係

$$y = -0.0803x + 3.6468$$
$$R^2 = 0.0214$$

回帰曲線は左上から右下に傾いており，職場生活の全般評価は，担当する仕事の種類が増えると逆に下がる関係にあることがわかる．担当している仕事の種類が少ない，いいかえると職務範囲が狭いフランスで，職場生活の全般評価が高いのに対して，逆に担当している仕事の種類が多い，つまり職務範囲が大きい韓国では，職場生活の全般評価は最低である．日本は職務範囲が大きいグループに入るが，職場生活の総合評価は中位のグループに位置している．職務

範囲の大きさと職場生活の満足度は必ずしも相関しているわけではない．

次に，職場生活の総合評価と職務の性質，労働条件と職場関係の満足度，経営への意見反映度との関係を検討していく．

表1-7は，相互の関係を相関係数で示したものである（ここで使っている変数については表1-7の説明を参照のこと）．この表から，各国におおむね共通しているのは職場生活の全般評価と労働条件・職場関係の満足度および経営への意見反映度との間にプラスの相関関係があることがわかるが，職務の性質との相関は国によって異なることがみてとれる．ただし台湾は例外で，両者の関係は弱い．

日本の場合は，職場生活の総合評価と労働条件・職場関係，特に管理監督に対する満足度および職場関係に関する満足度との間に，強い相関がみられる．このうち，管理監督との相関関係の強さは他の国を上回っている．この領域に比べると，職場生活の総合評価と職務の性質との関係は弱い．

表1-7 職場生活の全般評価の背景①

（ピアソンの相関係数）

		フィンランド	フランス	イタリア	エストニア	ポーランド	チェコ	スロバキア	スロベニア	ハンガリー	日本	韓国	台湾	中国
職務の性質	仕事上の決定権	○	○		○		○	○						
	仕事上の自律性													
	仕事上のスキル獲得	○	●						○					○
労働条件・職場関係	管理・監督者との関係	○	○	○	○	○	○	○		○	●	○		○
	賃金や労働条件	○	●	○	●	○	○			○	○	○		○
	同僚	○	●	●	○	○	○			○	●	○		○
	作業負荷				○	○				○	○			○
経営への意見反映					○	○			○	○	○			○
N =		323	161	205	422	491	268	205	135	441	802	509	220	381

有意水準5%未満。●は相関係数0.5以上，○は同じく0.3〜0.5未満

変数の内訳	
仕事上の決定権	（「自分の作業についてある程度自分で決定できる」＋「仕事中他の人と話すことができる」）
仕事上の自律性	（「自分の作業は他の人の仕事ぶりで決まらない」＋「自分の仕事は反復的でない」）
仕事の性格	（「ミスをしたら大変なことになる」＋「仕事を通して新しいことが学べる」）
管理・監督者との関係	（「経営者・管理者との信頼関係」＋「経営者・管理者の能力」）
労働条件	（「雇用の保障」＋「給料・諸手当」）
同僚	（「同僚との関係」＋「上司との関係」）
作業負荷	（「労働時間の長さ」＋「作業量・作業負荷」）

このような結果をふまえて，職場生活の全般評価に各要素がどの程度の影響

を与えているのかを推計するため，全般評価を被説明変数とし，諸要素を説明変数とした重回帰分析を行ってみる．そして同一のモデルで13ヵ国を推計したところ，日本を含めて4ヵ国で妥当性のある結果が得られた（表1-8）．他の国の場合はこのモデルでは「抑圧」が生じているため省略する．

日本に関して職場生活の全体評価に影響を与える諸要素をみると，最も強いのは「同僚」（標準偏回帰係数・以下同じ：0.275）との関係であり，次いで「作業負荷」（0.210）と「管理監督」（0.165）が影響している．「経営への意見反映」（0.81）や職務における「仕事上の自律性」（0.74）および「決定権」（0.61）も弱い影響がみられる．

これを他の国と比べた際，日本の職場生活の満足度には「同僚」と「管理監督」，さらに「作業負荷」の影響が大きいことがわかる．日本の職場生活の全体評価には縦と横の人間関係，作業負荷が大きく影響しているといえる．

表1-8 職場生活の全般評価の背景②

（重回帰分析・標準偏回帰係数）

		エストニア	チェコ	ハンガリー	日本
職務の性質	仕事上の決定権	.067	.030	.091 *	.061 *
	仕事上の自律性	.078	.098	.054	.074 *
	仕事上のスキル獲得	.117 *	.060	.104 *	.045
職場労働条件・関係	管理監督	.151 *	.092	.063	.165 **
	賃金雇用	.236 **	.158 *	.213 **	.062
	同僚	.062	.121	.135 *	.275 **
	作業負荷	.149 *	.231 **	.027	.210 **
工場・事業所の経営への意見反映		.039	.212	.109 *	.081 *
Adj R^2		30.3	33.4	21.5	32.8
N =		422	268	441	802

** 1％未満で有意．　* 5％未満で有意．

5. 要約―日本の特徴―

　日本に焦点を置いて以上の検討結果を要約すると，次のようになる．

　日本の職場生活の全般評価は，ほんの少し満足に傾いているものの，国際的にみると下位グループに属している．地域別にみると西欧における満足度が高く，日本を含めて東アジアでは低い．担当する仕事の種類の数から職務範囲をみると，日本の現業職で多能工化が際立っており，グレーカラー労働者化がもっとも進んでいる．また，職務の性質，特に仕事上の決定権や自律性，スキルの獲得などについて，肯定的な特徴がみられる．経営への意見反映感は国際的には中位グループに属する．

　しかし，労働条件等に対する満足度は 13 ヵ国中 12 位で，現業職に関しては 8 位，技術職は 11 位で，国際的にみて低い．そしてこのことが日本の職場生活の全般評価を低めている．とりわけ縦と横の人間関係，作業負荷の重さの影響が大きい．職場秩序の厳しさの中での人間関係からくるストレスや，労働時間の長さと労働密度の強さからくる作業負荷の重さが，相互に絡まりながら，日本の職場生活に影を落としているとみられる．

（白石利政）

注）
1) 三隅二不二編著『働くことの意味』有斐閣，1987 年，参照．
2) 社会学からのアプローチの一例をブラウナー（1964）でみると，彼は疎外―すなわち仕事上の満足の得られない状態―を検討する際の要因として，4つの産業のテクノロジー，社会構造，そして個人的経験を変数とした社会学的研究からパワーレス，ミーニングレス，孤立，自己疎隔といった4つの側面を重視している．また，産業心理学からのこの課題へのアプローチをした Spector（1997）は9つの分野（給料，昇進，監督，ベネフィット，臨時の報酬，作業手順，同僚，仕事の性格，コミュニケーション）をチェックすることの大切さを指摘している．

第2章 定着意思と転職意思
―西欧・東欧・東亜比較―

1. 問題の提起

　1990年代，われわれの国際調査に参加した各国の労働市場は顕著な変化の中にあった．失業問題は，総じて90年代前半から中期にかけて悪化し，ピークを迎えた．国によっては90年代の後半には景気回復にともなって改善をみたものの，社会主義の計画経済から資本主義の市場経済へ移行した国々，特にチェコでは不況が続いて雇用情勢は悪化し，また日本では90年初頭のバブル経済崩壊後，長期不況に突入して，忘れかけていた失業が大きな社会問題化している．景気の良し悪しに関わりなく各国に共通していることは，パート労働者や派遣労働者など，非正規従業員の増大である．このような動きは，新自由主義と経済の効率化最優先の立場から推進されている，労働市場の「弾力化」を反映している．

　日本においては，経営者団体が終身雇用や年功賃金などの見直しを提唱している[1]．労働組合もそれに対して否定的な対応をみせていない．厚生労働省が2003年10月に実施した調査によると，正規従業員と非正規従業員の比率は65.4％と34.6％で，今後，非正規従業員比率が上昇すると予測している事業所は19.8％にも上っている[2]．

　ロビンソンはイギリスについて「端的にいえば，1980年代の早い時期にミラー紙の読者が広く直面した事態に，ガーディアン紙の読者が1990年代の始めに直面した」と評している[3]．また，1997年のOECD雇用アウトルックは，

「いままで，ほとんどの仕事は安定的で護られているものと考えられていたが，1990年代に入って顕著になった仕事の不安定性が懸念されている」こと，「仕事の安定は，まず個々人の幸福と密接に関係しており，二つ目に仕事の不安定性は消費水準や賃金の抑制と結びつくこともあり，また労使関係にも，教育・研修への投資，労働者のモラルや努力を損ね，長期勤続に付随している各種のベネフィットへの機会を減らすなど影響が大きい」ことを指摘している[4]．このような問題提起を背景に，同書の第5章では仕事がどの程度不安定になっているのかを，労働者の仕事についての不安定感と勤続年数，定着率によって検討している．その結果は，「1990年代の仕事の安定は1980年代に比べ労働者個々人の雇用不安は高まっているが，仕事の安定を定着率などで計ると，ブルーカラーと教育期間の短かった人たちでは下がっているものの，安定している」というものであった[5]．しかし，このことは，従来労働組合や最低保障などで最も守られていたグループが，仕事の不安定にさらされているということになる．その後，事態はより一層，進展し，国による違いはあれ，雇用形態の「弾力化」は推し進められ，仕事の不安定性はホワイトカラー労働者にまで及んでいる．実際，ピンクは，フリーランス，臨時社員，従業員2～3人のミニ企業化などからなるフリー・エージェントがアメリカの就業人口の4分の1にあたると推計している[6]．

このような動きにドラッカーも注目している．彼は，ビジネスの世界で起こっている2つのこと，すなわち「第1に，働き手のうち唖然とするほど多くの者が，現に働いている組織の従業員でなくなった．第2に，ますます多くの企業が雇用と人事の業務をアウトソーシングし，正社員のマネージメントすらしなくなった」ことに着目し，知識社会化の進展下で人材派遣会社とともにPEO（Professional Employer Organization）が成長産業として登場させていることを指摘している[7]．

これら一連の指摘からすると，労働者の働き方が変わってきているということになる．見方をかえれば，同一企業への長期雇用が見直され，労働者にとってはチャンスの拡大とともに雇用の不安が増していることになる．このような

もとで，労働者の定着・転職意識はどのようになっているのであろうか．

本章では，上記のような雇用構造の変化に関する指摘を背景として，転職と定着の状況を，転職回数，勤続年数，今の会社への定着・転職意識，会社へのコミットメントという点から検討していくことにする．なお日本的文脈で転職を論じるとき，大企業労働者の場合は職種を変えることよりも会社を移ることのほうにテーマ性がある．そのため以下では狭義の転職というよりも，会社を移ること，つまり転社を問題とする．

2. 定着と転社の意思

まず，ここで対象としている電機産業労働者の定着・転社について，その実態と意識を確認しておく．

2-1 転社回数，勤続年数，雇用保障

われわれの調査では，転社・定着の実態について，転社回数と現在の会社での勤続年数，雇用の安定に関する満足感を問うている．その結果は表2-1に掲げられている．フランス，イタリア，ポーランド，スロベニア，ハンガリー，日本の6ヵ国については85年調査と95年調査と00年調査の結果から，時系列観察が可能である．調査対象の企業・事業所は三つの時点で必ずしも共通してはいないが，この点にも留意しつつ結果をみていくと，次のような傾向がみられる．

転社回数は現在の会社に入る前に働いた会社の数で測っている．その結果を平均値でみると，各国とも85年調査では少なかったことがわかる．なかでも日本とスロベニアでは，転社回数が1を切っている．つまりそれは，これらの国の多くのサンプル労働者が，現在の会社に就職してそのままそこに定着していることを意味する．これとは対照的なのはフランスであるが，しかしそれでもイタリア，ポーランド，ハンガリーとともに転社回数2未満に収まっている．

これらの国の平均的労働者は，今の勤務先が初めてか2回目の人が多いことになる．

ところが95年調査では，各国とも転社経験者の比率が増える．フランスとポーランドでは2回を超え，ハンガリー，イタリア，スロベニアでは2回弱，日本でも1回を超えている．00年調査になると，各国とも転社回数はまた減少して，フランスでは2回，ポーランド，ハンガリー，スロベニア，イタリアでは1回前後，日本では僅か0.1回となり，ほぼ15年前の水準に戻っている．各国とも，1980年後半から90年代前半に企業間移動が活発化したが，90年代後半になるとそのような動きは沈静化しつつあったと推測させる．

勤続年数については2つの傾向がみられる．

一つは，フランス，スロベニア，日本でみられる傾向で，直近になるほど勤続年数が長期化している．このうち日本に関していえば，バブル経済崩壊後の採用抑制が続き，結果として在籍正規従業員の勤続年数が長期化したものと思われる．

もう一つは，イタリア，ポーランド，ハンガリーでみられる傾向である．これらの国における勤続年数の最長は95年調査で記録され，00年調査では減少している．勤続年数は，各国における経済状況や解雇に関する労働法規や慣行，企業のリストラ施策，雇用政策，および地域の就職状況などの影響が考えられる．

表2-1 転社回数，勤続年数，雇用への満足度

	今の会社に入社する前の転社（職）回数（回）			勤続年数（年）			「雇用の保障」についての満足度（5点法）		
	85	95	00	85	95	00	85	95	00
フランス	1.5	2.2	2.0	9.3	17.0	23.0	2.7	2.8	3.2
イタリア	1.0	1.8	0.8	13.7	19.7	7.6	3.0	3.2	3.7
ポーランド	1.1	2.0	1.4	12.6	18.5	13.1	3.5	2.4	2.8
スロベニア	0.9	1.7	0.9	9.2	13.1	14.1	3.7	2.7	3.3
ハンガリー	1.2	1.9	1.1	11.9	17.9	14.6	3.5	2.8	3.4
日本	0.4	1.2	0.1	11.3	12.0	14.0	3.5	3.3	3.3

このような状況の中で，労働者は雇用保障の現状をどのように評価している

のであろうか．この点に関しては地域による差がくっきりとあらわれている．

フランスとイタリアは00年調査での満足度が最も高い．ポーランド，スロベニア，ハンガリーでは社会主義時代に行われた85年調査で最も高くて，その体制が崩壊して数年たった頃の95年調査で最低となり，00年調査ではそれがある程度回復しているものの，15年前の水準には戻っていない．日本では雇用に関する満足度はこの15年間ほとんど変わっていない．

いい換えれば，西欧における満足度の継続的増大，東欧は社会主義システムが崩壊した1990年代前半の落ち込みが市場経済化のシステムのもとで回復傾向，そして日本における横這い傾向，という特徴を指摘できる．

2-2　定着・転社意思

次に定着・転社意思について検討していくことにしよう．これを〔現在の会社からの転社意思〕と〔転職機会が生じた際の対応〕の二つの設問を通してみていく．

まず転社について，「今の会社をやめようと思ったことがあるか」という質問に対して「しょっちゅうある」（5点）から「まったくない」（1点）までの5段階の回答選択肢を設け，そこで得られた回答を5点法で平均値を算出する．その結果を示したのが図2-1である．

これによると，転社意思がもっとも高いのはフランス（3.1）で，これにエストニア，日本，台湾，韓国（2.7〜2.6）が続き，イタリア，スロバキア，中国（2.2）は低い．残るポーランド，スロベニア，フィンランド，チェコ，ハンガリー（2.4〜2.3）は中間に位置している．フランスを除く西欧のフィンランドやイタリアでは転社意思は低い．東欧も同じく低い傾向がみられる．これらに比べると東アジアの国は高い方に位置する．

転社意思については，6ヵ国でこの15年間の変化をみることができる．00年調査で転社意思がもっとも高かったフランス（3.1）は，85年（2.7），95年（2.4）の水準を大きく上回っている．しかし，イタリア，ポーランド，スロベニア，ハンガリー，日本では，いずれも00年調査の結果が最低の水準である．とりわ

図 2-1 転社意思

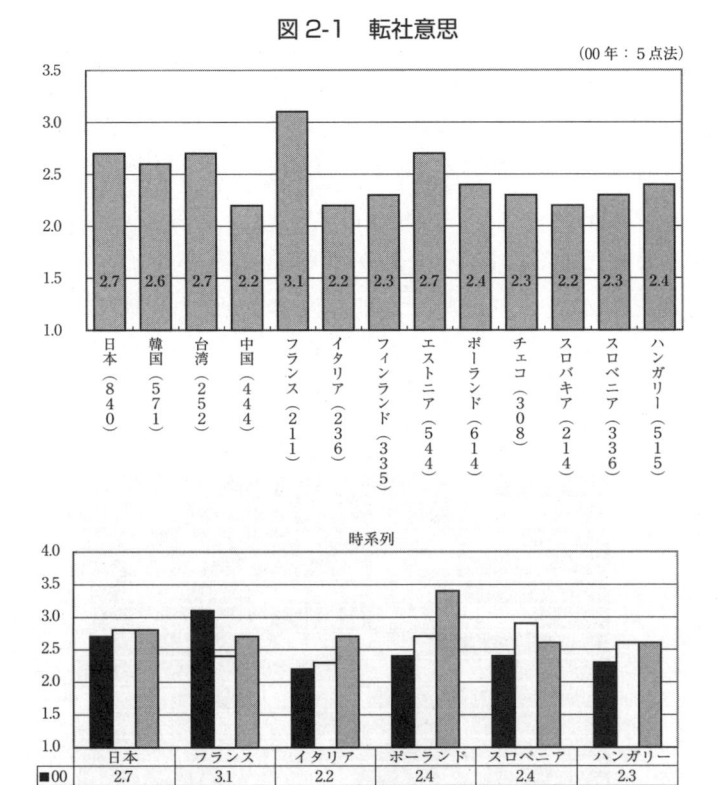

(00年:5点法)

国 (n)	値
日本 (840)	2.7
韓国 (571)	2.6
台湾 (252)	2.7
中国 (444)	2.2
フランス (211)	3.1
イタリア (236)	2.2
フィンランド (335)	2.3
エストニア (544)	2.7
ポーランド (614)	2.4
チェコ (308)	2.3
スロバキア (214)	2.2
スロベニア (336)	2.3
ハンガリー (515)	2.4

時系列

	日本	フランス	イタリア	ポーランド	スロベニア	ハンガリー
00	2.7	3.1	2.2	2.4	2.4	2.3
95	2.8	2.4	2.3	2.7	2.9	2.6
85	2.8	2.7	2.7	3.4	2.6	2.6

けポーランドにおける変化は大きく，85年調査の3.4が95年調査は2.7，そして00年調査では2.4にまで下がっている．つまりこのことは，この15年間における今の会社への定着意識は，確実に高まったとみられ，ポーランドの傾向は社会体制が転換した東欧諸国の中でもっとも顕著にあらわれているといえる．

もう一つの設問〔転職機会が生じた際の対応〕には，どのような特色がみられるか．それの地域別特徴を図2-1に示す．

西欧諸国に共通しているのは「今の仕事にとどまる」が3割前後を占めているという点である．そして，フィンランドとフランスでは「もっと責任ある仕事に」が3割前後の回答を集めているが，この回答が1割強と少ないイタリア

では4人に1人が「独立開業」を希望している．

　東欧諸国の特色は「今の仕事にとどまる」が多いことで，チェコ，スロバキア，ハンガリー，ポーランドではそれが約半数にのぼる．これは社会主義時代の同一職種への定着のよさと，社会主義崩壊後の雇用不安とが影響していると思われる．なおこの回答はスロベニアでは4割を切りいくぶん少なくなるが，この国では「もっと責任ある仕事に」が他の東欧諸国を約15ポイント引き離している．この国が属していたユーゴスラビアの労働者自主管理制度の経験がその

図2-2　転職機会があった際の選択

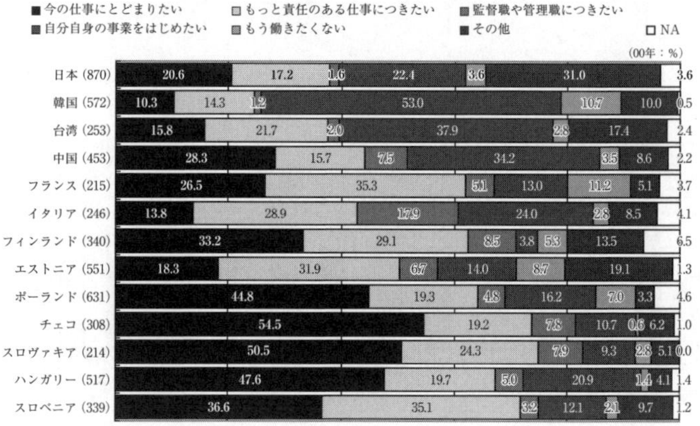

■今の仕事にとどまりたい　■もっと責任のある仕事につきたい　■監督職や管理職につきたい
■自分自身の事業をはじめたい　■もう働きたくない　■その他　□NA

	今の仕事にとどまりたい	もっと責任のある仕事につきたい	監督職や管理職につきたい	自分自身の事業をはじめたい	もう働きたくない	その他	NA
日本 (870)	20.6	17.2	1.6	22.4	3.6	31.0	3.6
韓国 (572)	10.3	14.3	1.2	53.0		10.7	10.0	0.5
台湾 (253)	15.8	21.7	2.0	37.9	2.8	17.4	2.4
中国 (453)	28.3	15.7	7.5	34.2	3.5	8.6	2.2
フランス (215)	26.5	35.3	5.1	13.0	11.2	5.1	3.7
イタリア (246)	13.8	28.9	17.9	24.0	2.8	8.5	4.1
フィンランド (340)	33.2	29.1	8.5	3.8	5.3	13.5	6.5
エストニア (551)	18.3	31.9	6.7	14.0	8.7	19.1	1.3
ポーランド (631)	44.8	19.3	4.8	16.2	7.0	3.3	4.6
チェコ (308)	54.5	19.2	7.8	10.7	0.6	6.2	1.0
スロヴァキア (214)	50.5	24.3	7.9	9.3	2.8	5.1	0.0
ハンガリー (517)	47.6	19.7	5.0	20.9	1.4	4.1	1.4
スロベニア (339)	36.6	35.1	3.2	12.1	2.1	9.7	1.2

時系列 (%)

		N=	今の仕事にとどまりたい	もっと責任のある仕事につきたい	監督職や管理職につきたい	自分自身の事業をはじめたい	もう働きたくない	その他	NA
日本	00	870	20.6	17.2	1.6	22.4	3.6	31.0	3.6
	95	981	15.4	50.6	3.5	19.7	4.2	5.9	0.8
	85	3077	20.0	37.9	3.3	27.2	4.2	4.2	3.2
フランス	00	215	26.5	35.3	5.1	13.0	11.2	5.1	3.7
	95	105	28.6	32.4	7.6	10.5	8.6	10.5	1.9
	85	537	23.5	43.4	4.8	14.9	6.5	5.2	1.7
イタリア	00	246	13.8	28.9	17.9	24.0	2.8	8.5	4.1
	85	972	17.6	28.7	4.6	32.6	10.0	3.8	2.7
ポーランド	00	631	44.8	19.3	4.8	16.2	7.0	3.3	4.6
	95	640	49.4	15.6	2.2	21.9	3.9	4.7	2.3
	85	1472	36.7	14.1	2.2	28.5	10.5	5.8	2.2
ハンガリー	00	517	47.6	19.7	5.0	20.9	1.4	4.1	1.4
	85	1498	52.9	12.1	2.1	15.0	9.5	4.3	4.1
スロベニア	00	339	36.6	35.1	3.2	12.1	2.1	9.7	1.2
	95	635	34.3	35.0	3.8	14.2	1.6	6.9	4.3
	85	1276	37.9	31.5	2.2	18.3	2.7	3.7	3.8

注：日本の85年と95年の選択肢，「もっと責任のある仕事につきたい」には"よりやりがいのある仕事"が追加されている．

基になっていると考えられる．

　東アジアで目立っているのは「独立開業」が多いことである．特に韓国では2人に1人がこれを希望しており，台湾でもその割合が4割弱，中国でも3割を超えている．日本での独立開業希望は85年調査では3割に近かったが，00年調査では2割強で，内容不明な「その他」が急増している[8]．

　この点についても6ヵ国でこの15年間の変化をみることができる．「今の仕事にとどまりたい」と「もっと責任のある仕事につきたい」と「監督職や管理職につきたい」の合計を＜企業内定着＞志向層とすると，それはフランス，スロベニア，ハンガリーでは7割前後で横ばい，イタリアは5割から6割へ，ポーランドは5割から7割へと増加している．日本では6割から4割へと急減しているが，「その他」の中に含まれていると思われる"やりがいのある仕事"を加えると，ほぼ95年調査と同様の結果になる．要約していえば，＜企業内定着＞志向は一貫して高いか，または高まる傾向をみせている．

3. 定着・転職意思のモデル

3-1 モデルの構成

　それでは，このような定着・転職意思と職場生活に関わる多方面の意識との間には，どのような関係があるのだろうか．共分散構造分析を用いて推計してみたい．定着・転職意思の背景を掴むため，因子分析[9]や変数の再尺度化と再表現などの前作業をして12個の観測変数を作成し，労働者の定着・転職意思を説明する6つの構成概念，すなわち雇用・福利，上司・同僚，作業負荷，職場満足，管理・監督，定着意思を作成した．表2-2は，モデルに用いた観測変数を構成概念ごとに示したものである．

3-2 モデルの適合度

　パス図は，三つの外生変数（一度も単方向の矢印をうけとらない変数．ここ

表2-2 モデルに用いた観測変数

構成概念		観測変数
雇用・福利	雇用の保障	「大変満足」＝5、「ある程度満足」＝4、「どちらともいえない」＝3、「あまり満足でない」＝2、「大変不満」
	福利厚生	
上司・同僚	上司との関係	
	同僚との関係	
作業負荷	作業量・作業負荷	
	労働時間の長さ	
職場満足	職業生活全体についての満足度	
	今の会社にとどまる	「今の仕事にとどまりたい」または「もっと責任のある仕事につきたい」または「監督者や管理者になりたい」＝2、「自分自身の事業をはじめたい」または「もう働きたくない」または「その他」＝1
管理・監督	経営者・管理者と従業員との信頼関係	「大変満足」＝5、「ある程度満足」＝4、「どちらともいえない」＝3、「あまり満足でない」＝2、「大変不満」
	経営者・管理者の能力	
定着意志	会社を離れたいとは思わない	「まったくない」または「めったにない」＝2、「ときどき」または「しばしば」または「しょっちゅう」＝1
	会社発展のため最善を	「最善を尽くしたい」＝2、「その他」＝1

では雇用・福利，上司・同僚，作業負荷）が内生変数（一度は単方向の矢印を受け取る変数）である職場満足に影響を与え，この職場満足ともう一つの外生変数である管理・監督が定着意思に影響するという多重指標モデルである．

分析の対象は家電と通信で，労働者の定着・転職意思の地域別の特色に着目して行った．地域は西欧（フランス・イタリア・フィンランド），東欧（ポーランド・チェコ・スロバキア・ハンガリー・スロベニア），東アジア（日本・韓国・台湾）である．モデルとデータとの適合度はGFI（Goodness of Fit Index）とAGFI（Adjusted Goodness of Fit Index），RMSEA（Root mean square error of approximation）でみていくことにする．GFIについては，0.9以上が必要な目安となる．GFIとAGFIとの間にはGFI≧AGFIという関係があり，GFIに比べてAGFIが著しく低下する場合はあまり好ましくないモデルということになる．また，RMSEAは0.05以下であれば当てはまりがよく，0.10以上であれば当てはまりが悪いと判断する習慣がある．

西欧（N＝455）のGFIは0.973，AGFIは0.952，RMSEAは0.039でモデルとデータとの適合度は良好である．東欧の適合度はそれぞれ0.972，0.951，0.058，東アジアのそれは同じく0.974，0.954，0.054である．RMSEAが西欧

に比べるといくぶん高いが，モデルとデータとの適合度には問題はない．

3-3 分析結果と解釈

3-3-1 西欧

図2-3を参照していただきたい．

上司・同僚と職場満足との因果係数は0.500で，雇用・福利と職場満足との0.282，作業負荷と職業満足との0.165を大きく引き離している．すなわち，西欧の労働者では，職場仲間との関係のよい人ほど職場生活に満足感を持っていることを示している．

職場満足から定着意思への因果係数は0.874である．これに対して，管理・監督への満足と職場満足との間は-0.010で相関は弱い．職場生活の満足感が

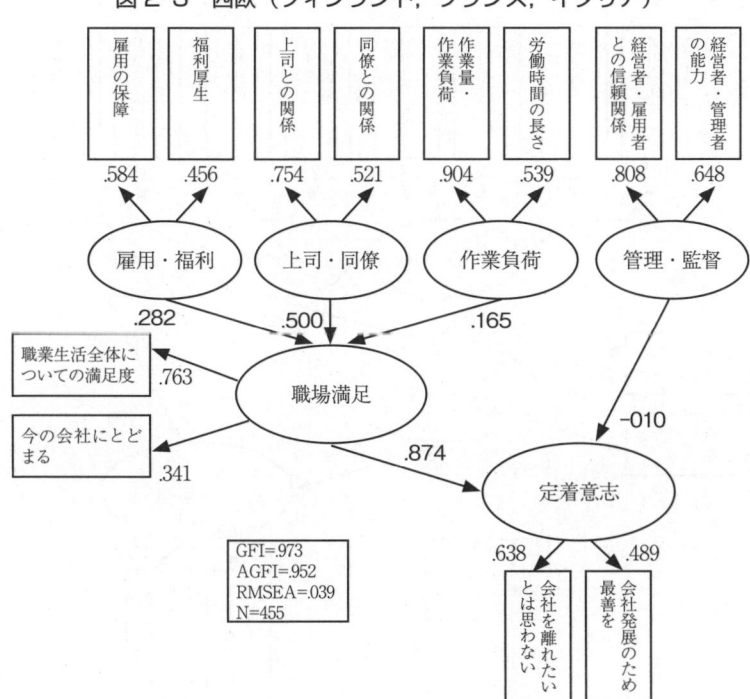

図2-3 西欧（フィンランド，フランス，イタリア）

定着意思に極めて大きな影響を持っていることがわかる．

　これらをつなげると，西欧の労働者の定着意識には，職場仲間との良好な人間関係が大切な要因であり，これが職場生活の満足を喚起し，定着意思を高めているということになる．いわゆる，"俺たち・私たちの世界"が重要なことを示唆している．

3-3-2　東欧

　図2-4を参照していただきたい．

　この地域では，雇用・福利の評価が職場満足に大きな影響を与えている．因果係数は0.470で，上司・同僚との関係の0.129や作業負荷との関係の0.122との差は大きい．職場満足から定着意思への因果係数は0.814で西欧と同様に高

図2-4　中欧（ポーランド，チェコ，スロバキア，ハンガリー，スロベニア）

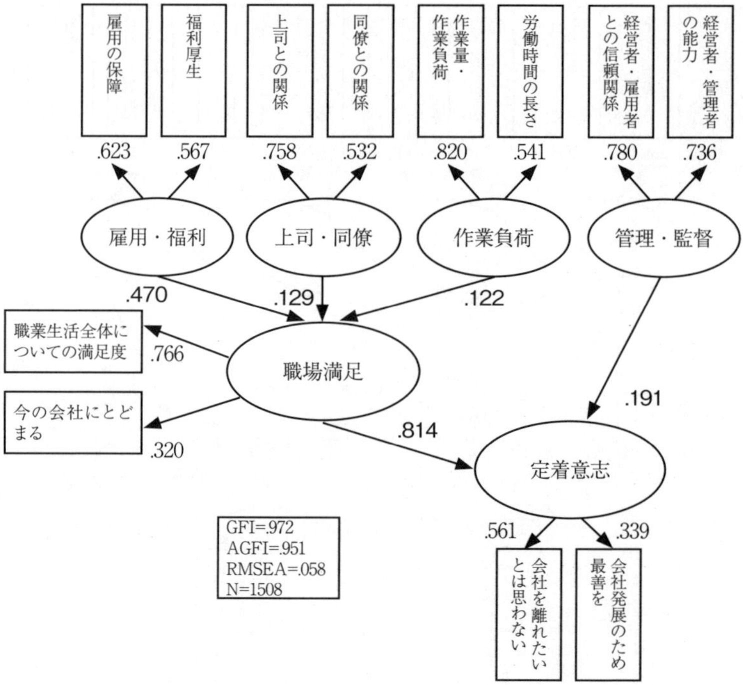

GFI=.972
AGFI=.951
RMSEA=.058
N=1508

い．しかし，西欧との違いは管理・監督との関係が0.191でプラスの関係にあることである．

これら国では，失業率も高く社会主義経済の崩壊後，企業の安定性は弱くなっている．それだけに現在，仕事に就いている人たちは相対的に恵まれていることになる．雇用・福利の満足は職場生活の満足に直結しており，またこのような雇用・福利の条件を維持・発展できる管理・監督者層への信頼や能力評価は労働者の定着意思を強めているようである．

3-3-3　東南アジア

図2-5を参照していただきたい．

この地域では，上司・同僚と職場満足との関係が0.392で最も高い．また，

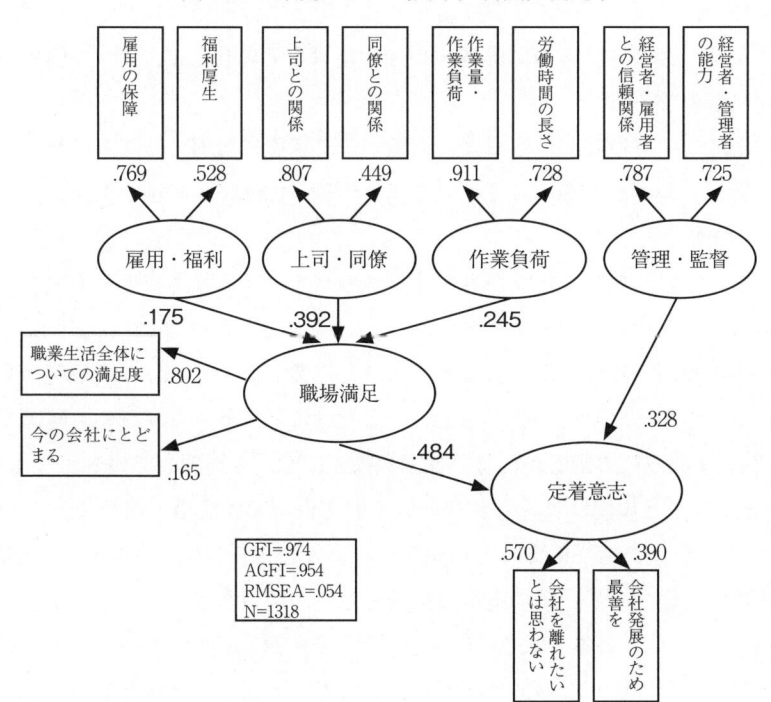

図2-5　東南アジア（日本，韓国，台湾）

観測変数: 雇用の保障(.769), 福利厚生(.528), 上司との関係(.807), 同僚との関係(.449), 作業量・作業負荷(.911), 労働時間の長さ(.728), 経営者・雇用者との信頼関係(.787), 経営者・管理者の能力(.725)

潜在変数: 雇用・福利, 上司・同僚, 作業負荷, 管理・監督

→ 職場満足: .175, .392, .245
管理・監督 → 定着意志: .328
職場満足 → 定着意志: .484

職場満足の観測変数: 職業生活全体についての満足度(.802), 今の会社にとどまる(.165)
定着意志の観測変数: 会社を離れたいとは思わない(.570), 会社発展のため最善を(.390)

GFI=.974
AGFI=.954
RMSEA=.054
N=1318

作業負荷と職場満足の関係も 0.245 で，他の地域と比べると高い．しかし，他の地域で大きな役割を果たしていた雇用・福利と職場満足との関係は 0.175 で，最も低い．

職場満足から定着意思への因果係数は 0.488 で，他の地域に比べると小さいとはいえ，影響の大きいことに変わりはない．この地域で目を引くのは管理・監督と定着意思の関係が 0.328 で，かなり高いことである．

このように，この地域では，職場仲間と作業負荷に関する満足感が職場生活全般に対する満足感に影響し，これらに加えて管理・監督者に対する信頼感が労働者の定着意思に影響している．

ところで，東アジア内部の各国間ではどのような特徴がみられるか．ここで分析に用いたデータは，日本では 家電と通信機，韓国と台湾では家電と部品のメーカーで働く男性である．先の地域間のデータとは一部違いがあるが，比較的業種の似ているデータを取り込むことによって分析結果の安定性を図ろうとしている．図 2-6 は，地域内各国の分析結果を簡略化して，6 つの構成概念で示したものである．

この地域内で共通しているのは，転職・定着意思に管理・監督者に対する評価が影響している点である．その強さは，台湾（0.326），韓国（0.249），日本（0.163）の順である．

しかし，定着・転職につながるもう一つのパスである職場満足との関係では，地域内部での興味ある違いがみられる．

日本の職場満足には上司・同僚（0.588）と作業負荷（0.318）の満足感が影響しているものの，雇用・福利（-0.019）の影響はほとんどみられない．韓国では，雇用・福利（0.660）の影響が強く，作業負荷（0.310）も影響しているが，上司・同僚（-0.006）との関係はみられない．そして台湾では雇用・福利（0.421）のみプラスで，作業負荷（-0.224）との関係はほとんどみられず，上司・同僚（-.006）との関係も同様である．職場満足と定着意思との関係をみると，それが強いのは韓国（0.798）で，日本（0.560）が続き，そして台湾（0.363）の順となっている．

東アジアの中でも，このような国による共通性と相違がみられる．

第2章 定着意志と転職意志   41

図2-6 日本，韓国，台湾

日本

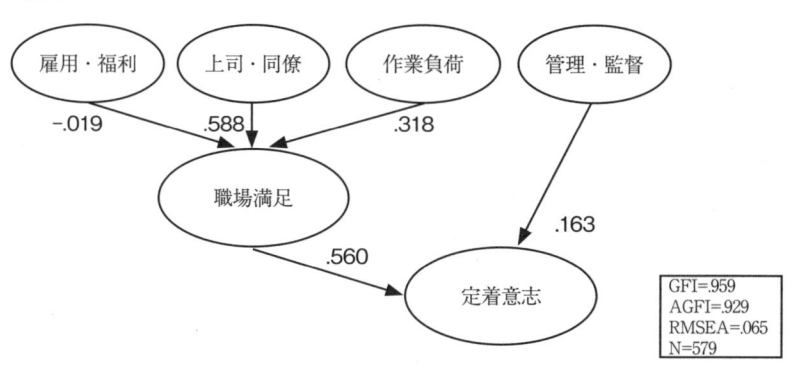

- 雇用・福利 → 職場満足: −.019
- 上司・同僚 → 職場満足: .588
- 作業負荷 → 職場満足: .318
- 管理・監督 → 定着意志: .163
- 職場満足 → 定着意志: .560

GFI=.959
AGFI=.929
RMSEA=.065
N=579

韓国

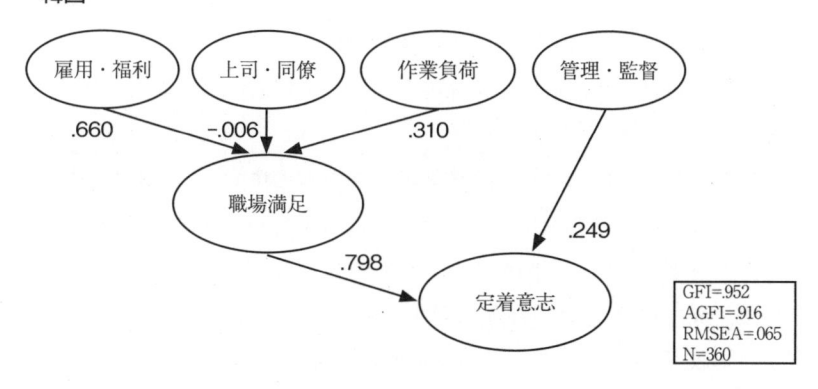

- 雇用・福利 → 職場満足: .660
- 上司・同僚 → 職場満足: −.006
- 作業負荷 → 職場満足: .310
- 管理・監督 → 定着意志: .249
- 職場満足 → 定着意志: .798

GFI=.952
AGFI=.916
RMSEA=.065
N=360

台湾

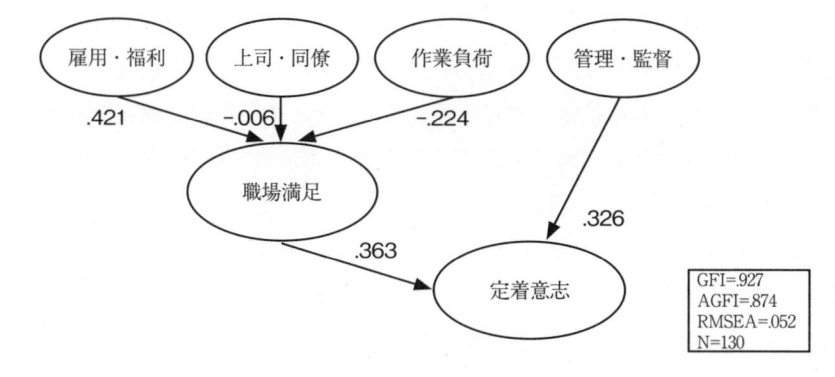

- 雇用・福利 → 職場満足: .421
- 上司・同僚 → 職場満足: −.006
- 作業負荷 → 職場満足: −.224
- 管理・監督 → 定着意志: .326
- 職場満足 → 定着意志: .363

GFI=.927
AGFI=.874
RMSEA=.052
N=130

4. 総　括

　労働者の会社定着意思には，歴史的，今日的状況が反映してか，地域による特色が見出された．西欧では定着意思と強く関連しているのは上司や同僚との関係であり，管理者に対する評価はそれとあまり関連していない．職場における「俺たち・私たちの世界」がどのようなものであるかが，定着意思の強さ・弱さと関係しているといえる．

　中欧では雇用の安定が最優先要因であり，管理者に対して会社存続・発展への期待が込められている．

　東アジアでは職場の仲間関係と労働量が職場生活の満足につながり，管理者との良好な関係も労働者の定着意思に強く関係している．しかし，この地域における社会の流動性が高いことを反映してか，労働者のなかに独立自営への希望が強い．

　世界的な傾向として，今日，企業間競争の激化の中でコスト競争最優先の経営政策が導入され，労働者に不安を与えている．だが，労働者の定着意思に着目して，人材の質の向上を図ることも忘れてはならない重要なことである．

　その際，雇用・福利や作業負荷に関する満足感とともに，上司・同僚や管理・監督者との関係が，国による違いはあれ，重要な役割を果たしていることが，われわれの分析から確認された．コーエンとプルサークは，企業のなかに埋め込まれている社会資本の重要性に着目し，フリー・エージェント方式については一貫性や信頼，継続性が消滅し，不安定化するとの立場から懐疑的見方を提起し，さらに社会資本は信頼や理解，ロイヤリティの有機的な成長を示すだけに，それが発展するには時間がかかることをも指摘している[10]．この指摘にわれわれの分析結果をつなげたい．

　企業を取り巻く環境や売れ筋商品やサービスは時代とともに変化し，従業員の人事・処遇制度もそれに適応することが求められるが，職場の構成員が創りだしている同僚や管理・監督者との信頼に基づいた良好な関係の重要性は，け

っして失われるものではない．

　企業活動の国際化が進む中で，本章で分析したような地域による特色に配慮することも，人事管理や労使関係にとって重要なことだと思われる．

（白石利政）

注）
1) 日経連は「新・日本的経営システム等研究プロジェクト（中間報告）」（1994年）を発表し，今後の雇用システムは従来の長期継続雇用を適用される「長期蓄積能力活用型」グループと課題ごとに専門的熟練・能力をもってあたり必ずしも長期雇用を前提としない「高度専門能力活用グループ」，そして企業のその時々の人材需要と従業員側の多様な就労希望をマッチングさせた「雇用柔軟型」グループに再編され，雇用形態や人事管理・処遇制度もグループの型に合わせていくべきとした．
2) 厚生労働省「平成15年就業形態の多様化に関する総合実態調査」2004年．この調査は，無作為に抽出した正規従業員を5人以上雇用している16,232事業所を対象に2003年10月に実施されている．
3) Peter Robinson, "Insecurity and Flexible Workforce", in Edmund Heery and John Salmon（eds.）, *The Insecure Workforce*, Routledge, 2000.
4) OECD, *Employment Outlook*, Paris, 1997.
5) Ibid.
6) Daniel H. Pink, *Free Agent Nation*, Warner Books, 2001.（池村千秋訳『フリーエイジェント社会の到来』ダイヤモンド社，2002年）．
7) Peter F. Drucker, "They're Not Employees, They're People", Harvard Business Review February 01, 2002.（この論文は上田惇生訳『ネクスト・ソサエティ』ダイヤモンド社，2002年に掲載されている．）．
8) この日本の結果には選択肢の日本語への移し変えの際の問題が影響している．共通版の英文は「I would like to be promoted into a job with more responsibility」であるが，85年と95年の翻訳は「もっと責任のある仕事やりがいのある仕事につきたい」，99年は「もっと責任のある仕事につきたい」である．このように85年と95年には英語の共通版にない"やりがいのある仕事"が入っており，00年は共通版に戻している．
　このため，国際比較ができるのは00年のみであり，日本における時系列での比較には無理がある．同時に，このような結果から，日本では転職機会が生じた際の対応として"より責任のある仕事"とともに"よりやりがいのある仕事"を重視している人の多いことがわかる．
9) 因子分析は，職場生活上の諸課題についての満足度中の共通設問である14項

目について行い4つの因子を抽出し，各因子のなかから因子負荷量の高い上位2つをとり観測変数とした．N=4,302，回転はバリマックス法．

10) Don Cohen and Laurence Prusak, *In Good Company*, Harvard Business School, 2001.（沢崎冬日訳『人と人との「つながり」に投資する企業』ダイヤモンド社，2003年）．

第3章 日本的労働生活の陰鬱
―フィンランドと比較して―

1. なぜフィンランドと比較するか

　この章の意図は，フィンランドとの比較を通して，日本の労働生活の特徴の一端を浮き彫りにすることにある．

　フィンランドといえば，日本ではサウナとムーミンが知られているくらいではなかろうか．それなのに，なぜここでフィンランドを比較対象としてとりあげるのか．

　フィンランドは電機連合国際調査の第2回（95年調査）と第3回（00年調査）に参加しているが，後に詳述するように，いずれの場合も労働生活の満足度においてこの国はトップの座を占めている．これに対して日本は，95年調査では13ヵ国中10位，00年調査では13ヵ国中11位で，下位グループに属する．労働生活の満足度がなぜフィンランドでは高く，日本では低いのか．これは十分検討に値するだろう．

　フィンランドは第2次大戦以前には欧州の中進国に位置していたが，戦後顕著な発展を遂げ，今では先進国の一つに数えられている．また，1990年代初頭には構造不況に陥ったが，「産官学」の連携でITを機軸とした産業構造を打ち立てて経済を活性化させている．そして今やフィンランドの競争力は，世界経済フォーラム2004年調査によると米国などより高く，2年連続でトップを記録している．この間日本経済は長期不況から抜け出せないでいる．

　フィンランドは北欧福祉国家の一つである．税金と社会保険料の所得に占め

る割合（国民負担率）は，2002年度でみると日本では36%だが，フィンランドでは65%で，明らかにフィンランドの方が高額であるが，充実した福祉の下で，人々は生活不安から守りの姿勢をとることなく，社会は前向きに活気づいているようだ．これといった自然資源を持たない国で発展を遂げるには人的資源の開発が基幹的な戦略になるが，フィンランドではOECDの2003年度学力テストの科学的活用力で最高位を占め，国民の中から高水準の人材を再生産している．福祉と教育がフィンランドの成功の大きな柱をなしているとみることができる．

しかし労使紛争はフィンランドの方が顕著である．ILO統計から人口千人当りの争議による労働損失日数をみると，1990年－96年の累積でフィンランドは日本の約100倍も多い．2001年－02年の累積でみても，この100倍という数字はあまり変わっていない．フィンランドでは福祉水準が高く経済も活性化し，しかも労働生活に対する満足度も高水準でありながら，その一方で労使紛争が頻発している．日本ではその逆で，労働生活に対する満足度はむしろ低いのに，労使紛争はめったに起こっていない．

これらの事実から，日本の労働生活の特徴を捉えようとするとき，フィンランドを比較対象の国として取り上げたくなる．その比較を通して，日本の労働生活が抱える問題点を，反省的に自覚することができるかもしれない．

2. 観察の対象

ここで観察の素材とするのは主として第3回調査（00年調査）の結果である．第3回調査の対象国は，日本，韓国，中国，台湾，フランス，イタリア，フィンランド，ポーランド，チェコ，スロバキア，スロベニア，ハンガリー，エストニア，ドイツ，スペイン，アメリカの，合計16ヵ国だったが，このうちドイツは収集したサンプル数が顕著に少なかったこと，スペインはモンドラゴン協同組合という極めて特異な組織を調査対象としたこと，アメリカは他の国と

異なるサンプル収集方法を採ったことを理由に，この章での観察対象から除外する．したがってここでの観察対象国は全部で13ヵ国である．

日本とフィンランドのサンプル数は，日本870人，フィンランド340人であるが，その構成は次のようになっている．

① 業種別にみると，日本では家電メーカーの従業員が53.6%，通信機メーカーの従業員が46.4%で，フィンランドでは家電が50.0%，通信機が50.0%で，二つの国の間にほとんど差がない．
② 性別でみると，男性比率が日本で71.8%，フィンランドで55.0%であり，日本のサンプルはやや男性に偏っているが，フィンランドでは男女ほぼ半々である．
③ サンプルの平均年齢は日本で35.4歳，フィンランドで38.9歳であり，35歳未満の比率は日本で51.8%，フィンランドで50.2%であるから，年齢構成の点では二つの国は似通っている．
④ 平均勤続年数は日本で14.0年，フィンランドで11.0年，勤続10年未満のサンプル比率は日本で36.6%，フィンランドで45.0%であり，勤続年はフィンランドに比べて日本の方がやや長いが，その差は特に大きいとはいえない．
⑤ 大卒，短大卒，高専卒の比率をみると，日本では44.7%，フィンランドでは48.8%で，あまり差はない．サンプルの教育水準という点からいって，2つの国は似通っているといえる．
⑥ 現業職の比率は日本では17.8%，フィンランドでは34.1%で，いずれの国もその比率は低い．その低さは13ヵ国中日本が1位，フィンランドが2位である．両国とも就業構成のホワイトカラー化が進んでいるといえる．なお現業職とテクニシャンをあわせた比率は日本では45.4%，フィンランドでは42.3%で，2つの国の間でほとんど差がない．
⑦ 最後にサンプル中の労働組合員比率をみると，日本では組合員（非管理職の正規従業員）に配票したので100%，フィンランドでは80.3%で，これもかなりの高率である．したがって以下の観察において把握される

のは，だいたい組合員の意識傾向だといってよい．なおサンプル中の組合員比率の高さは，13ヵ国中，日本が1位，フィンランドは2位である．
　以上の指標でみるかぎり，日本とフィンランドとの間にサンプル構成上の顕著な違いはみられない．したがって以下の観察で見出される両国間の差異は，サンプル構成の違いに影響されたものではないといってよい．

3. 比較観察と発見

　日本とフィンランドの従業員の態度について，まず，①労働生活の満足度，②企業への帰属意識，③事業所内の諸関係，④仕事の意味，の4次元で比較観察してみる．

3-1 労働生活の満足度

　00年調査で用いた調査票の中に，労働生活の満足を問う15の項目がある（表3-2参照）．95年調査ではこのうち「経営情報の提供」の項目が欠けていて，設問は14項目からなる．それぞれの項目について「たいへん満足」「ある程度満足」「どちらともいえない」「あまり満足でない」「たいへん不満」という5つの回答選択肢を設け，サンプルとなった従業員に回答を求めた．そこで得られた回答分布の，全項目の平均値を求め，「たいへん満足」と「ある程度満足」の和（肯定的回答）を示すと，表3-1のようになる．

表3-1　職務満足者の比率とその順位

	00年調査		95年調査	
	肯定的回答（%）	13ヵ国中の順位	肯定的回答（%）	13ヵ国中の順位
フィンランド	62.3	1	57.1	1
日本	36.9	11	36.5	10

肯定的回答＝「たいへん満足」＋「ある程度満足」

ここにみて取れるように，95年調査でも00年調査でも，フィンランドでは満足層が6割前後いるのに日本では36-37％の水準にとどまり，4割に満たない．また，この比率の高さからみると，フィンランドは二度の調査のいずれにおいても13ヵ国中1位を占めるのに対して，日本は95年調査では10位，00年調査では11位と，下位に属する．95年調査で日本よりも下位にくるのは，ポーランド，ハンガリー，スロベニアという，社会主義体制崩壊後の混乱期にあった国だけである．第3回調査で日本より下位にきたのは台湾（00年調査で初参加）とフランスであり，脱社会主義の国々はこの時点ではすでに日本よりも上位にきている．

このように日本とフィンランドの間に労働生活の満足度の点で著しい差がみられるが，労働生活のどの側面で特に大きな差があるのかを調べてみると，表3-2から次の点が浮かんでくる．

表3-2　項目別に見た職務満足者の比率

	日本	フィンランド	差
作業環境	46.6	66.2	-19.6
経営者と従業員の信頼関係	36.1	59.4	-23.3
作業量・作業負担	34.6	68.8	-34.2
労働時間の長さ	39.2	80.0	-40.8
賃金・諸手当	22.4	36.2	-13.8
経営者・管理者の能力	27.1	54.1	-27.0
昇進の機会	18.4	41.5	-23.1
教育訓練	29.5	47.6	-24.8
雇用の保障	41.5	70.3	-28.8
男女機会平等	33.0	67.1	-34.1
福利厚生	44.1	55.0	-10.9
上司との関係	45.9	82.1	-36.2
同僚との関係	65.3	93.5	-28.2
仕事の面白さ	46.1	74.1	-28.0
経営情報の提供	24.1	38.2	-14.1
平均	36.9	62.3	-25.4

表中の数値＝「たいへん満足」＋「ある程度満足」

第1に，15項目のいずれにおいても，日本はフィンランドよりも満足度が低い．

第2に，その中で特に顕著な差があるのは「労働時間の長さ」である．フィンランドではこの点で満足している者が80％を占めるが，日本ではその半分の39％でしかなく，その差は40ポイントもある．

第3に，次いで顕著な差が見られるのは「作業量・作業負担」「男女機会平等」「上司との関係」である．これらの項目では2国間で30ポイント以上の差が表れている．

第4に，15項目中，日本でもっとも高い満足度を示しているのは「同僚との関係」であるが，これはフィンランドではもっと高い．満足者の比率は日本で65.3％だが，フィンランドでは93.5％で，28ポイントの差がある．

要するに，労働生活の満足度に関してフィンランドと日本との差が特に顕著に表れているのは，第1に「労働時間」と「作業量・作業負担」，つまり労働の量と密度においてであり，第2に「男女機会平等」と「上司との関係」，つまり職場のタテ関係においてである．

3-2 企業への帰属意識

次に企業に対する態度をみてみる．
「あなたは会社に対してどんな感じをお持ちですか」という問に対して「会社の発展のために自分の最善をつくしたい」「会社が私に報いてくれる程度に会社につくしたい」「会社に対してこれといった感じを持っていない」「会社についてはまったく関心がない」という4つの回答選択肢を設け，このうち「会社の発展のために自分の最善をつくしたい」に回答した者の比率（肯定的回答）を示すと，表3-3のようになる．

表3-3 企業への貢献意思

	肯定的回答（％）	13ヵ国中の順位
フィンランド	68.8	2
日　本	25.9	12

肯定的回答＝「会社の発展のために最善を尽くしたい」

ここに明らかなように，フィンランドでは70％近くが肯定的回答を与えているのに対して，日本ではわずか25.9％である．その比率の高さではフィンランドは13ヵ国中2位に位置する（1位は中国）が，日本は12位で，最下位のグループに属する（最下位はエストニア）．日本の従業員は企業に対する帰属意識が強いという俗説があるが，ここでみるかぎり，それは当てはまらない．

しかし日本の従業員の企業への定着性は，表3-4をみると高い．日本の調査対象は大企業の正規従業員であるので，臨時やパートの従業員は含まれていない．しかしこの点はフィンランドでも同様である．この二つの国を比べると，転職経験ゼロの従業員は日本では88.5％を占めるのに，フィンランドでは11.5％でしかない．日本でのこの比率は13ヵ国中1位である．これに対してフィンランドは13位で最下位である．ところが，現在働いている企業への定着意思をみると，フィンランドでは今いる会社を辞めようと思ったことが「しょっちゅうある」あるいは「ときどきある」という者はわずか7.1％で，その比率は13ヵ国中13位でもっとも低く，これに対して日本では19.5％，つまり約2割の従業員が転職意思を多かれ少なかれ持っており，その比率は13ヵ国中4位で，かなり高い．

表3-4 転職意思と転職経験

	転職意思	13ヵ国中の順位	転職経験	13ヵ国中の順位
フィンランド	7.1	13	11.5	13
日本	19.4	4	88.5	1

転職意思＝いまの会社を辞めようと思ったこと「しょっちゅう」＋「ときどき」
転職経験＝転職経験ゼロの者の比率

要するに，フィンランドでは転職経験をへて現在の企業に就職した者が多いが，現在の企業での労働生活には満足し，そこに定着し貢献していこうと考えている者が多い．これ対して日本では，新規学卒で現在の企業に初就職した者が圧倒的に多いが，その職場での労働生活に多くの者は必ずしも満足しているわけではなく，時には退職したいという気になる者も少なくない．

3-3 事業所内の諸関係

こんどは，事業所内部における諸関係を，従業員の眼を通して探ってみる．

ここでは従業員の中から現業労働者をとりあげ，彼らが事業所内の同じ現業労働者に対して，また上の事業所幹部に対して，どのような利害関係を意識しているかをみてみる．利害関係は「一致している」「かなり似ている」「多少異なる面がある」「かなり異なっている」「反している」という5段階評価で測定する．このうち「一致している」と「かなり似ている」との和を求めると，表3-5のようになる．

表3-5 現業労働者からみた現業労働者同士および事業所幹部との利害距離

	現業職同士		対事業所幹部	
	距離 (%)	13ヵ国中の順位	距離 (%)	13ヵ国中の順位
フィンランド	67.1	6	53.8	4
日　本	44.7	13	46.4	7

距離＝「一致している」＋「かなり似ている」

まず現業職の者同士の関係をみると，利害が共通しているという者がフィンランドでは67.1%を占めるのに，日本では44.7%にとどまる．利害連帯感はフィンランドが日本をかなり上回り，その比率からみると，日本は13ヵ国中，最下位である．日本の従業員は集団主義的心性が強いといわれるが，ここでみるかぎり，ヨコの関係はけっして親密とはいえない．フィンランドの位置は6位で，中位グループに属する．この点でトップを占めるのはハンガリー，次いでスロバキアで，概して旧社会主義国の現業労働者のヨコの繋がりは強い．

次に事業所幹部との関係をみると，利害共通感を抱く現業労働者の比率は日本では46.4%で中位グループに属するが，フィンランドでは53.8%で過半数を占め，その国際的順位は4位で，上位グループに入る．つまりタテの関係では日本は国際的にみて低くないが，フィンランドに比べると下位にくる．なおこの点で最上位にくるのはハンガリーで，概して旧社会主義国ではタテ関係の距離も小さい．

日本はフィンランドに比べてヨコ関係もタテ関係も薄いということと関連して，事業所内での意思反映を実感できている従業員も少ない．現業労働者に限定せずにサンプル従業員全員に対して，「あなたの事業所の経営は，あなたの意思をどの程度反映していますか」という問を設けて5段階評価で回答を求めたところ，表3-6にみるように，「よく反映している」と「ある程度反映している」という肯定的な回答を与えた者はフィンランドでは68.8％にのぼったのに対して，日本では30.5％であった．この点でフィンランドは13ヵ国中1位であるのに対して，日本は9位である．従業員個人の感じからすると，経営参加の度合いはかなり低いようだ．

表3-6 事業所の経営への意思反映

	肯定的回答（％）	13ヵ国中の順位
フィンランド	68.8	1
日本	30.5	9

肯定的回答=「よく反映している」+「ある程度反映している」

3-4 仕事の意味

企業や事業所との関係とは別に，従業員が仕事そのものをどう意味づけているかを見ておく．

まず，自分の生活全体の中で「仕事」をどの程度重要だとみなしているかを，7段階評価法で答えてもらった．つまり，生活の価値の中で「仕事」が「もっとも重要」という場合には7点，「まったく重要でない」を1点とし，自分の場合は何点に当たるかと問うた．そしてその回答の平均点を求めると，表3-7のようになる．

表3-7 生活の中での仕事の重要度

	重要度	13ヵ国中の順位
フィンランド	5.0	1
日本	4.0	8

重要度：「最も重要」（7点）から「全く重要でない」（1点）までの7段階評価による平均点．

これをみると，フィンランドの平均点は5.0で，13ヵ国中1位であるが，日本の平均点は4.0で，8位である．日本人は仕事中心的生活を送っているという指摘は，ここでの従業員自身の自己判断からすると，外れている．

では「仕事」の意義はどこにあるのかと問うと，表3-8にみるように，その意義づけはフィンランドの従業員のほうがどの点でも積極的である．日本とフィンランドとの間で特に差が目立つのは，「夢中になれる」「地位や名誉が得られる」「社会へ貢献できる」である．これら3点でフィンランドの従業員は日本の従業員を大きく引き離している．日本の場合には「仕事」の意義を収入に結びつける者が多いが，フィンランドではそれ以外の意義づけをしている者も多いのである．

表 3-8　仕事の意義

	地位や名誉が得られる	必要な収入が得られる	人と交流ができる	社会へ貢献ができる	興味と満足が得られる	夢中になれる
日　本①	11.4	83.7	63.8	45.1	47.5	33.1
フィンランド②	46.8	91.8	68.2	67.4	66.2	76.8
差（②−①）	35.4	8.1	4.4	22.3	18.7	43.7

表中の数値＝「まさにその通り」＋「ややその通り」

4. 要約と総括

13ヵ国の国際比較からみた日本とフィンランドの労働生活の主観的特徴を一つの表にまとめると，表3-9のようになる．

表 3-9　労働生活の主観的特徴

	日本	フィンランド
労働生活の満足度	低い	高い
企業への貢献意思	低い	高い
転職経験	極少	多い
定着意思	やや低い	高い
事業所経営への意思反映	小さい	大きい
仕事中心性	中位	高い

フィンランドでは，多くの従業員が今の企業に就職するまえにすでにどこかでの就業経験があり，転職をして現在の職場に移ってきた．今の企業を就職先として選んだのは，そこが自分にとっていい職場だと思ったからであり，今ここで就業を継続しているのは，ここに満足しているからである．事業所内では自分の意思にそった経営が行われていると思っており，企業の発展に貢献しようという気持ちも出てくる．他方，日本では大多数が学校卒業後直ちに今の企業に就職し，転職経験を持つものはきわめて少ない．そして同一企業にとどまっているが，多くの者は必ずしも今の労働生活に満足しておらず，企業の発展に積極的に貢献しようという者も少ない．長いサラリーマン生活の中で，会社を辞めたい気になる者も少なくない．しかし実際には辞めずにその企業にとどまっている．

このようにまとめてみると，フィンランド的労働生活にはさわやかさが感じられるのに対して，日本的労働生活にはなんとなく陰鬱な雰囲気が漂う．この違いはどこからくるのか．いくつかの仮説が提起されうる．

第1は調査法からの説明である．この種のアンケート調査では，日本人はとかく中間的な答を与えがちで，白か黒かをはっきりとさせたがらない．これに対して欧米人はイエスかノーか，はっきりした答を出す傾向がある．そのため「はい」「いいえ」「どちらともいえない」という回答選択肢を設けると，日本人は「どちらともえいえない」に，欧米人は「はい」か「いいえ」に回答が偏る[1]．それゆえ「はい」の比率を比較すると日本人は低く出る，という説明である．しかしわれわれの調査での回答選択肢は5段階方式で設けてあり，3段階方式からくるかもしれないこうした偏りを防ぐ工夫をしている．事実，電機連合「調査時報」に収録されている調査結果集計表をみても，どの設問も，特に日本の場合に5段階の中間に回答が偏在しているとはいえない．

第2は経済発展と国民生活の水準からの説明である．1980年前後に青年の国際比較意識調査が行われたとき[2]，仕事に対する満足度は日本の青年が非常に低かった．逆にそれが高かったのはフィリピンやブラジルだった．この傾向はその後の調査でも見出された．そこから引き出された一つの仮説は，先進

国では国民の欲求水準が高まるのでたえず不満が生み出されるが，途上国では国民は現状に満足する傾向がある，という説明であった．しかし，この調査対象に含まれている西独やスイスでは，満足度が高かった．またわれわれの調査対象国にもほかの先進国が含まれており，ここで比較観察しているフィンランドも先進国の仲間入りをしている国である．したがってこの仮説には無理がある．

　第3は文化特性からの説明である．これまでに行われた国際比較意識調査をみると，日本は生活の面でも労働の面でも「満足」と答える者の比率が低い．これはいつも答を控えめに出す日本人の民族的文化的特性だ，というのである．この説明の立場に立つと，労働条件や職場関係をどんなに改善しても日本人は「満足」とは答えない，ということになってしまう．

　第4は労働条件からの説明である．日本とフィンランドとで労働生活の満足度が顕著に違うのは，労働時間の長さと作業量・作業負担である．この点と並んでもう一つ両国間に大きな差をもたらしているのは，男女機会平等と上司との関係，つまり職場のタテ関係である．この仮説に立つとすれば，労働時間と作業密度の改善，職場のタテ関係の改善が日本における労働生活の満足度を向上させ，フィンランドのそれに近づけることになる，という展望が描ける．

　第5は制度の違いからの説明である．ここでは4つの点をあげておきたい．

　一つめは労働市場の性格である．日本でわれわれが調査対象としたのは大企業の正規従業員であり，年功制と長期雇用慣行に支えられた企業内労働市場に身を置いている人達である．いったんこの中に包摂されたら，いやなことがあっても辞めたいときがあっても，そこに定着しつづけることが利害に適う．他方フィンランドの労働市場は企業の枠を超えて成り立っており，職業的人生を一つの企業の中に限定する必要はない．ある企業に勤めてみて，そこが自分にあわなかったら別な企業で新しい職業的人生の可能性を追求すればいい．

　2つめは男女の就業機会の平等性である．フィンランドは女性の社会進出と職場進出が顕著に進んでおり，女性は社会的にも経済的にも自立している．したがって，かりに配偶者が転職などで一時的に失業状態に置かれても，家計の

心配はあまり出てこない．自分が職を失ったら家族はどうなるか，といった類の心配をあまり深刻にしないですむのである．この点，妻が扶養家族の専業主婦である場合と，状況は大きく異なる．

3つめは社会保障制度である．フィンランドでは収入に占める税金の率がかなり高いが，その半面で社会福祉が充実しており，養育費，教育費，医療費，老後ケアの費用など，生活の基本部分が公共的に保障されているため，かりに一時的に収入が減ったり途絶えても，生活に大きなダメージを与えることはほとんどない．それゆえ，いったん就職した職場に固執しなくても，選択的に職業的人生を展開できる．

4つめは労働組合のパワーである．本章の冒頭部分で触れたように，労働争議による損失日数は日本に比べてフィンランドでは極めて多い．フィンランドにおける労働生活の満足度や企業帰属意識の高さは，労働組合のパワーが底支えして成り立っているとみられる．つまり，いざというときには組合がパワーを発揮して一定の労働条件の水準を確保し，その上に立って従業員は自分達の職業的人生を組み立てているとみられる．

この制度面からの説明は，日本における労働生活の質の向上を論じるうえで，示唆に富む論点を提供してくれると思われる．今日の日本では，年功制と長期雇用慣行の崩壊，雇用の多様化，職業キャリアデザインの自己責任化など，労働市場の大変革が展望されている．そのかぎりではフィンランドに類似した労働市場がもたらされるかもしれない．しかし，その変革を社会的に下支えするような制度的諸条件を整えることなしでは，労働生活の質の劣化が進むことになりかねない．

（石川晃弘）

注）
1) 『意識の国際比較方法論の研究』（研究レポート71）統計数理研究所，1991年，第3部「データとデータ分析による国際比較」参照．
2) 『世界の青年との比較からみた日本の青年－世界青年意識調査－（第3回）報告書－』総理府青少年対策本部，1984年．

第Ⅱ部
格差と平等

第4章 社会的格差と平等観の変化

1. 問題の背景と本章の狙い

　戦後日本で代表的な価値観または社会原理として認められてきたのは「平等」という理念であり，と同時に，「平等社会」日本というイメージは広く国民の間に受け入れられてきた．数多くの議論を呼んだ日本人の「総中流意識」論に示されているように，国民の中にこうした平等の実現が長く信じられていたことは事実である．内閣府（旧総理府）が国民の階層帰属意識把握のために実施してきた「国民生活に関する世論調査」において，1960年代以降，景気低迷がつづく現在に至るまで，国民の9割が自分は中流と意識するという結果が示されている．同様の傾向は，日本の社会移動と社会階層に関する研究，いわゆるSSM調査においても示されており，国民の大多数が自らは中流に所属するという階層帰属意識が明らかにされている[1]．

　戦後を通して豊かな生活の実現と生活様式の平準化が進んだことはいうまでもなく[2]，それが平等社会というイメージを支えてきた．こうした私達の中流意識が，社会的平等や豊かさの真の実現を背景としたものであるのかどうか，または，社会的階層や格差の消失，溶解を意味しているのかどうかについては，様々な議論がある．

　議論における焦点の大きな一つは，日本社会が平等社会なのか，それともイメージと将来の期待だけの不平等社会なのかということであった．

　1990年代後半に登場した二つの著作は，90年代後半以降における，日本の

社会と経済における不平等の進行を指摘し，大きな衝撃を与えた．社会学の視点から佐藤俊樹は，社会移動において職業選択の機会の不平等化の増大を指摘した[3]．また経済学の視点から，橘木俊詔は日本社会の所得分配における不平等の進行を指摘し，日本の所得格差が1980年代から急激に拡大して，先進国の中で最も不平等な社会に向かいつつあると訴えた[4]．

こうした指摘の背景には，バブル経済崩壊後，失われた10年といわれた時期の企業リストラによる中高年労働者の大量失業や転職という実態や，増加を続けるフリーター，ニートなど若年層の就労状態の問題がある．後者の若年層の就労に関しては，階層論の視点から，「日本においてもニートには学歴や世帯の収入が強く影響していることは，若年無業の増加が日本社会の階層化の進展を象徴した存在であることを示唆している」と指摘されている[5]．

そこで本章では，平等志向が強いといわれてきた日本に焦点を置き，電機産業労働者における社会的格差観と平等に対する意識，そして彼らが望む将来社会像を，国際比較を通してみていく．

2. 社会的格差の現状に対する評価

はじめに，日本の社会的格差の現状に対する評価を00年調査の結果よりみていく．設問は「（日本には）社会的格差（不平等）が存在していますか」である．設問には社会的格差の定義はないが，貧富の差をはじめとした所得や資産格差と，教育や職業選択，昇進面などの機会の不平等といった社会的格差がある．

00年調査をみると，日本社会について「非常に大きな格差がある」は18.3％で，これに「大きな格差がある」の27.8％を加えた＜格差が大きい＞という人は46.1％で，ほぼ半数近くを占めている（その他の回答は「ある程度の格差がある」45.2％，「格差は小さい」3.4％，「まったく格差はない」0.3％）．すなわち半数近くの人は日本社会に大きな格差があることを認めているといえる（図4-1，表4-1参照）．

こうした日本の社会的格差意識の現状を各国と比較すると，日本の格差意識は他の国々と比べて際立って小さいという特徴がみられる．

＜格差が大きい＞の比率を「社会的格差意識比率」としてみると，00年調査で回答のあったフランスとイタリアの結果では，それぞれ84.2%，72.0%に達しており，日本を大きく上回っている．00年調査では所得・資産格差や社会的格差の客観的実態を直接比較する設問はないが，主観的には社会的格差観に大きな開きのあることは事実といえよう．また市場経済化の達成と拡大を図るポーランドをはじめとした旧社会主義諸国では，どこでも社会的格差意識比率が9割前後に達している．さらに急速な経済成長を続ける韓国，台湾，中国のアジア各国の社会的格差意識比率も，韓国（87.0%）で9割近くに達し，中国（73.5%）で7割強，もっとも低い台湾（62.9%）でも6割を上回っている．特に中国では「非常に大きな格差がある」という強い格差意識を持つ人が半数を占めており，市場経済の急速な進展により国民の間に大きな社会的格差を生じていることを反映しているとみられる．

図4-1 社会的格差意識（00年調査）
── ＜格差が大きい＞の比率 ──

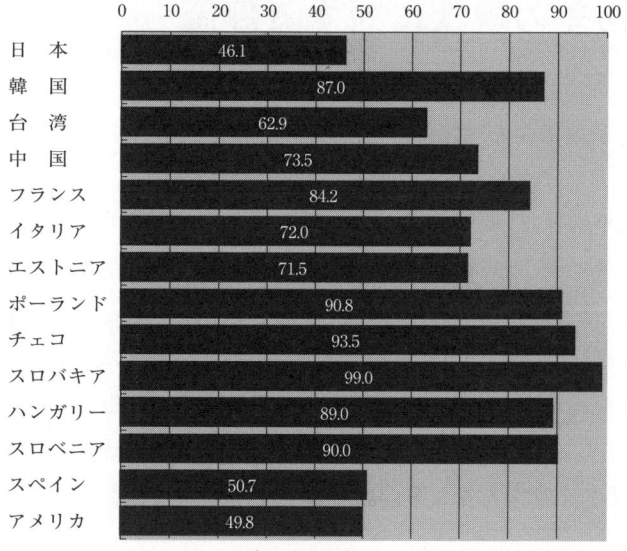

国	％
日本	46.1
韓国	87.0
台湾	62.9
中国	73.5
フランス	84.2
イタリア	72.0
エストニア	71.5
ポーランド	90.8
チェコ	93.5
スロバキア	99.0
ハンガリー	89.0
スロベニア	90.0
スペイン	50.7
アメリカ	49.8

これに対して日本とほぼ同程度の社会的格差意識を持つ国がスペイン（モンドラゴン）とアメリカで，＜格差が大きい＞と感じる人は双方とも5割前後にとどまる．

以上のように，他の国々と比べて社会的格差意識が小さく

希薄な点が日本の特徴といえる．他の国と比べ社会的平等において，日本が実際に勝っているかどうかはともかく，日本が他の国と比べ格差意識の小さい国であることは間違いなく，社会的平等感の高い国といえるだろう．実態として社会的平等が崩壊し，不平等が進行しているかもしれないが，電機産業の大企業正社員の回答という前提があるものの，国際比較でみるかぎり，依然として日本社会の平等神話は健在である．

表 4-1 社会的格差意識とその推移

	00年調査				95年調査				85年調査			
	サンプル数	非常に大きな格差がある	大きな格差がある	格差が大きい	サンプル数	非常に大きな格差がある	大きな格差がある	格差が大きい	サンプル数	非常に大きな格差がある	大きな格差がある	格差が大きい
日 本	870	18.3	27.8	46.1	981	16.7	33.4	50.1	870	21.4	32.3	53.7
韓 国	572	39.3	47.7	87.0	745	33.0	30.6	63.6				
台 湾	253	19.0	43.9	62.9								
中 国	453	55.8	17.7	73.5	549	31.0	26.4	57.4				
フランス	215	38.6	45.6	84.2	103	35.2	51.4	86.6	537	31.8	53.3	85.1
イタリア	246	24.8	47.2	72.0	764	35.7	41.0	76.7	972	47.7	35.5	83.2
エストニア	551	37.0	34.5	71.5								
ポーランド	631	61.3	29.5	90.8	640	53.8	32.0	85.8	1472	53.1	32.6	85.7
チェコ	308	51.9	41.6	93.5	386	39.6	50.0	89.6				
スロバキア	214	66.8	32.2	99.0	411	66.8	32.2	99.0				
ハンガリー	517	47.2	41.8	89.0	411	42.6	36.5	79.1	1498	17.0	48.1	65.1
スロベニア	339	51.9	38.1	90.0	635	61.6	30.4	92.0	1276	46.9	37.2	84.1
スペイン	152	3.3	47.4	50.7	168	10.1	48.2	58.3				
アメリカ	253	19.8	30.0	49.8								

しかしながら半数近くの人が＜格差が大きい＞と回答したことも事実で，平等への志向が強く，格差をあからさまにつけることへの抵抗感の強い日本でも，社会的格差の存在を認める人が半数近くに達していることは注目される．

なお調査対象は各国電機産業に就労する労働者という点で共通するが，日本の場合は，企業の従業員規模が1万人を上回る日本有数の大企業の正社員であること，さらに賃金や処遇格差を拡大する成果主義的賃金・人事処遇制度の導

入が徐々に進んでいるものの，賃金や処遇における格差が際立つような導入の仕方はなされていないことなどが，社会的格差意識の拡大を抑制しているかもしれない．

こうした社会的格差に対する見方は，性，年齢の違いを超えて共通しており，＜格差が大きい＞と考える人が5割前後，「非常に大きな格差がある」という人が2割前後を占めている．同様の傾向は学歴および職種においてもみられるが，学歴別では学歴レベルが低くなるにつれて（レベルIV→レベルI）＜格差が大きい＞が増加し，職種別では現業職で＜格差が大きい＞が多いという特徴がみられる．いずれにしろ際立った違いはみられず，日本の電機企業においては，社会的格差に対する認識と評価は各層，各区分で共通しているといえるだろう．すなわち社会的不平等に対する意識は個人属性によって単純に説明できず，多くの要因が複雑に絡まっていると思われる（表4-2）[6]．

この点について他の国の特徴をみると（表4-3），男女間で格差意識がもっとも大きい国はフランスである（「非常に大きな格差がある」：男性35.2％，女性52.9％）．同様にハンガリーを除いた東欧の旧社会主義諸国でも比率の差はあるものの，格差意識を持つ女性が男性より多い．

表4-2 属性別にみた日本の社会的格差

(00年調査)

		サンプル数	非常に大きな格差がある	大きな格差がある	格差が大きい
	日 本 計	870	18.3	27.8	46.1
性別	男 性	625	18.2	29.3	47.5
	女 性	194	22.7	27.8	50.5
年齢別	34歳以下	451	18.4	27.9	46.3
	35-44歳	256	21.1	30.1	51.2
	45歳以上	117	18.8	33.3	52.1
学歴別	レベルI	40	22.5	35.0	57.5
	レベルII	397	21.7	31.7	53.4
	レベルIII	89	25.8	24.7	50.5
	レベルIV	300	13.7	26.3	40.0
職種別	技 能 職	155	27.7	27.7	55.4
	事務・営業販売職	240	16.7	30.4	47.1
	技術職・テクニシャン	156	19.2	26.3	45.5
	技術職・エンジニア	247	13.8	26.7	40.5
	管理・監督職	38	18.4	28.9	47.3

表 4-3 性別，職種別にみた社会的格差意識
――「非常に大きな格差がある」の比較――

(00年調査)

	総計	性別		職種別						学歴別			
		男性	女性	一般・現業職	一般・営業・事務職・販売含む	一般・テクニシャン	一般・エンジニア	監督職	管理職	レベルI	レベルII	レベルIII	レベルIV
日　本	18.3	18.2	22.7	27.7	16.7	19.2	13.8	18.4	･･･	22.5	21.7	25.8	13.7
韓　国	39.3	37.4	43.6	55.8	42.5	30.2	34.1	41.8	27.0	66.7	･･･	47.0	26.9
台　湾	19.0	20.8	15.4	21.8	10.7	17.6	3.7	28.6	0.0	33.3	20.0	21.6	10.5
中　国	55.8	52.8	58.8	56.9	47.6	54.3	67.9	50.0	31.3	65.9	52.0	75.0	50.8
フランス	38.6	35.2	52.9	55.1	･･･	30.0	12.9	･･･	･･･	38.7	38.0	46.7	40.0
イタリア	24.8	16.2	42.2	28.4	41.7	20.8	0.0	･･･	33.3	41.7	36.1	24.4	17.2
スペイン	3.1	4.5	1.7	2.6	0.0	0.0	7.7	14.3	0.0	0.0	14.3	4.3	3.2
ポーランド	61.3	63.2	61.3	62.3	61.3	66.4	71.4	46.2	49.1	75.0	58.7	63.3	57.1
チェコ	51.9	48.7	56.0	60.2	43.3	35.3	80.0	36.8	0.0	55.6	65.4	44.4	13.6
スロバキア	66.8	59.0	70.4	71.0	84.0	82.4	28.6	25.0	50.0	72.0	69.9	68.6	20.0
スロベニア	51.9	47.0	62.2	65.2	48.1	53.1	42.3	36.6	0.0	75.0	57.5	53.2	39.0
ハンガリー	47.2	54.2	41.9	44.8	56.8	64.7	50.0	63.6	71.4	25.7	40.3	64.0	50.8
アメリカ	19.8	17.8	22.8	14.3	21.4	20.0	20.0	5.3	24.0	0.0	22.1	8.7	20.9

　同様に職種による格差意識の違いもみられる．注目される点は現業職とともにエンジニアの格差意識が強い点である．特に中国，ポーランド，チェコではエンジニアが格差意識のもっとも強い職種となっており，その背景に技術者が専門性と貢献にみあった処遇を受けていないという意識があるようだ．

　なお，こうした社会的格差意識の背景を，回答者が直接説明する設問は00年調査では用意されていないが，85年調査においてのみ「社会的格差（不平等）の要因」（社会的格差が「非常に」「大きく」「ある程度」＜ある＞と回答した人が対象．9項目中1つ選択）について質問した．日本では「社会的地位や権力」を筆頭に，「土地・家屋などの資産」「仕事からの収入」「学歴」が上位を占めた[7]．これに対して調査時点当時，厳しい雇用状況に置かれていた西ドイツ，フランス，イタリア，イギリスといった西欧諸国では共通して，格差の要因として「就業機会（失業しているかどうか）」が上位にあげられており，これをあげる者が極めて少数だった日本とは対照的な結果がみられた．

3. 社会的格差意識の推移

　間淵領吾は世論調査，新聞調査をもとに，「日本人の不公平感は，長期的な趨勢として増加傾向にある」と指摘している[8]．社会的格差意識と不公平感を同列に論じることはできないが，不公平感増大の背景の一つとして社会的格差の拡大を想定することは可能である．また先に触れたように，橘木や佐藤の著作において，日本の経済社会における不平等の進行が指摘されていた．彼らの主張は定説となっているわけではなく，実態として不平等が必ずしも拡大していないという主張も根強い[9]．しかしながら不平等，不公平または「希望格差」[10]（山田昌弘，2004年）についての議論が盛んであること自体が，日本社会における格差拡大に対する危惧の表われといえるだろう．

　しかしながらこうした議論に対し，電機産業国際調査の結果からは，日本の社会的格差意識の増大を確認することはできない．日本を時系列でみると，85年調査，95年調査，そして00年調査と続けて，＜格差が大きい＞という社会的格差意識比率は，85年53.7％→95年50.1％→00年46.1％，というように減少している（表4-1参照）．

　これに対して他の国々は日本と極めて対照的で，85年調査以降の約15年間に社会的格差を感じる人がいずれの国でも増加している．経済成長の著しいアジア地域の韓国と中国では，経済成長が所得や資産格差の拡大をともなって進行した結果である．95年調査からの5年の間に，＜格差は大きい＞と感じる人が中国で約27ポイント，韓国で約23ポイント増加している．

　同様の傾向は市場経済化が進展する東欧の旧社会主義諸国においてもみられる．すでに95年調査時点で格差意識はかなり強いが，5年後の00年調査にさらに強くなっている．ハンガリーについてみると，85年調査に65.1％だった＜格差は大きい＞と感じる人が，95年調査に約14ポイント増加し（79.1％），00年ではさらに10ポイント増加している（89.0％）．またポーランドは85年，95年調査の約86％が00年調査で9割を超えている（約91％）．スロベニアの

場合は，95年調査ですでに社会的格差意識を持つ人が9割を超えている（92.0%）．

なおイタリアでは，＜格差は大きい＞と感じる人は85年調査（83.2%）より11ポイント減少しているが，依然として強い格差意識を持つ人が7割を上回っている．またフランスの場合は85年調査以降，85%前後と高いまま推移している．

このように日本の場合は，スペイン（モンドラゴン），アメリカとともに，社会的格差意識の希薄な点が特徴で，特に格差意識が増大する多くの国々と対照的に，わずかながらも減少する数少ない国となっている．格差意識の減少が実態としての社会的不平等の減少を意味しないことはいうまでもないが，日本が社会的平等意識の高い国であることは間違いない．この点の背景説明や立ち入った検討には，所得や資産格差の拡大や社会的不平等の進展，それにともなう階層化の進展といった詳細な実態分析が必要だが，日本社会の平等神話は依然として根強いものがあるといえるだろう[11]．

4. 富と収入の望ましい配分原理

社会的格差に対する各国の評価は先にみたとおりだが，こうした社会的格差意識の差は，平等または公平に対する考え方および価値観によって左右されることはいうまでもない．そこで以下では，富と収入の望ましい配分に対する考え方を通して，いわゆる望ましい平等，公平のありかた（平等観，公平観）について，日本と他の国々とを比較し検討する．

富と収入における望ましい配分原理（理想の配分原理）して設定したのは下記の5つのモデルで，設問ではそれぞれの項目に対し，「まさにその通り」「だいたいその通り」「どちらともいえない」「あまりそうは思わない」「まったくそうは思わない」の5つの選択肢を用意した．表4-4では，最も積極的に肯定する「まさにその通り」と，「まさに」と「だいたい」とを合計した＜その通

り >（肯定比率）の二つの比率を表示した．

平等分配原理 ‥‥「公平な分配とは，皆が等しく分けることである」
必要分配原理 ‥‥「所得の再配分を通して，必要な分だけ受け取ることが大切だ」
機会均等原理 ‥‥「富を手に入れる上で公平といえるのは，チャンスが皆に保証されている時だけである」（機会の平等）
努力原理 ‥‥‥‥「一所懸命働いた人が，そうでない人よりも多くの収入を得るのは当然だ」
業績原理 ‥‥‥‥「他の人との格差が出ても，自分の稼いだものを自分のものにするのは当然だ」

図4-2　日本における富と収入の配分原理（00年調査）
── ＜まさにその通り＞の比率 ──

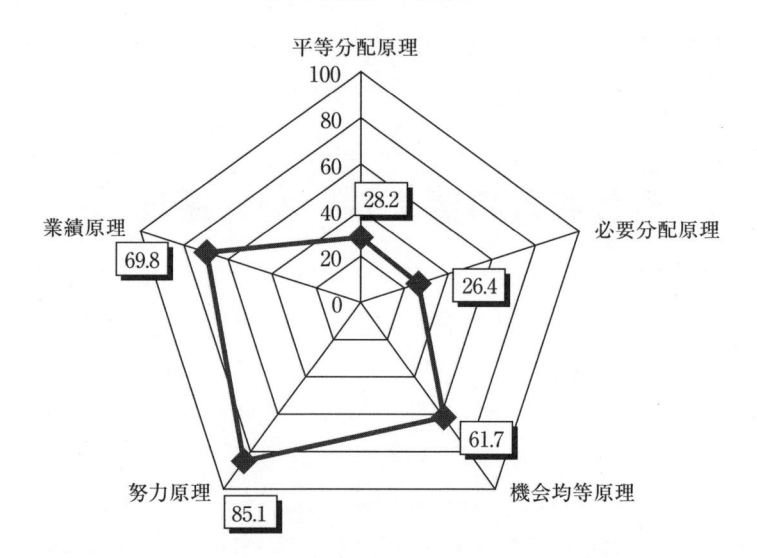

平等分配原理 28.2
必要分配原理 26.4
機会均等原理 61.7
努力原理 85.1
業績原理 69.8

図4-2および表4-4よりみた日本の平等観は，日本人の平等観として従来イメージされてきたものと大きく異なっている．その特徴を箇条書きで整理すると次のようになる．

第1は，日本人の典型的な平等観と考えられてきた"結果の平等"への支持，

肯定が予想外に低い点である．[平等分配原理] と [必要分配原理] に対し＜その通り＞と肯定する人は3割弱にとどまっている．

第2は，配分原理として機会の平等と結果の平等とを対比した場合，機会の平等への支持・肯定が，結果の平等を大きく上回っている点である．[機会均等原理] は，[努力原理][業績原理] といった＜努力・業績原理＞を下回るものの，肯定が6割を上回り，積極的に支持する「まさにその通り」も2割強となっている．

第3は，平等の原理としてもっとも重視しているのが努力と業績を基準にした配分だということである．富と収入の望ましい配分原理としてもっとも多くの支持を集めたのが [努力原理] で，＜その通り＞で85.1％，「まさにその通り」は5割弱を占めている．[業績原理] に対しても同様で，[努力原理] をやや下回るものの，＜その通り＞という肯定比率は7割近くに達している．

表4-4 [社会的格差意識の有無] 別にみた富と収入の望ましい配分原理

(「まさにその通り」，＜その通り＞（肯定比率）) (00年調査)

	平等分配原理		必要分配原理		機会均等原理		努力原理		業績原理	
	まさにその通り	公平な分配とは，皆が等しく分けることである	まさにその通り	所得の再配分を通して，必要な分だけ受け取ることが大切だ	まさにその通り	富を手に入れる上で公平というチャンスが皆に保証されているときだけである	まさにその通り	一所懸命働いた人が，そうでない人より多くの収入を得るのは当然だ	まさにその通り	他の人との格差が出ても，自分の稼いだものを自分のものにするのは当然だ
日　本	9.1	28.2	4.0	26.4	21.4	61.7	45.6	85.1	19.8	69.8
非常に大きな格差がある	16.4	37.1	7.5	33.3	33.3	62.3	56.0	85.5	27.0	71.7
格差はある程度ある・小さい・ない	5.6	22.5	2.6	25.6	18.5	60.3	45.3	85.0	17.6	69.7
台　湾	20.2	52.2	9.9	24.9	33.6	73.5	49.8	81.4	35.6	75.9
非常に大きな格差がある	31.3	60.4	16.7	37.5	27.1	64.6	41.7	68.8	43.8	72.9
格差はある程度ある・小さい・ない	21.8	54.0	5.7	23.0	42.5	83.9	57.5	86.2	36.8	77.0
中　国	22.3	33.6	43.3	72.4	51.4	77.5	75.3	91.6	62.9	87.2
非常に大きな格差がある	25.7	35.2	46.2	71.1	53.8	79.4	79.8	93.3	66.8	88.5
格差はある程度ある・小さい・ない	23.7	33.8	48.2	80.7	56.1	79.8	63.2	87.7	60.5	87.7
ポーランド	41.2	64.2	14.6	27.1	39.9	67.5	57.4	81.1	50.1	77.7
非常に大きな格差がある	43.9	65.9	16.8	28.7	45.7	69.5	63.6	82.9	51.7	79.1
格差はある程度ある・小さい・ない	37.8	64.4	8.9	31.1	35.6	68.9	51.1	75.6	53.3	73.3
スロベニア	14.7	31.9	9.7	27.4	29.2	76.1	55.5	86.7	37.5	82.0
非常に大きな格差がある	19.9	39.8	13.1	35.2	33.0	79.5	59.7	89.8	34.7	76.7
格差はある程度ある・小さい・ない	9.7	29.0	3.2	16.1	32.3	71.0	64.5	80.6	51.6	80.6
アメリカ	14.6	27.3	13.8	37.5	50.6	82.6	68.4	90.1	64.4	89.3
非常に大きな格差がある	10.0	24.0	12.0	38.0	72.0	92.0	70.0	96.0	68.0	90.0
格差はある程度ある・小さい・ない	15.9	23.0	13.5	36.5	43.7	76.2	67.5	87.3	65.1	88.9

このような日本における「望ましい」配分原理を同表より他の国と比較すると，20世紀末における各国共通の平等観とともに，日本独自の平等観が浮かび上がってくる．

第1の特徴は，日本を含め国の違いを超えて，［努力原理］［業績原理］という＜努力・業績原理＞がもっとも望ましい配分原理として支持されていることである．そしてほぼこの原理と並ぶ水準で［機会均等原理］への支持も多くなっている．地球規模の市場経済化の流れは，これまでの社会経済体制や国家経済の水準の違いを超えて，＜努力・業績原理＞及び［機会均等原理］を富と収入の配分原理として普及させたといえるだろう．また各国共通して支持の高かった［努力原理］では，支持のもっとも高い国は中国（91.6%）で9割を上回っている．これに対してもっとも低いポーランドでも81.1%で8割を超えている．こうした傾向は「まさにその通り」という比率でも確認できる．

第2の特徴は，日本のように［平等分配原理］［必要分配原理］の双方とも支持する人が少ない国はアメリカ，スロベニアである．これに対して台湾，ポーランド，中国ではどちらか一方を望ましい配分原理としてあげており，＜努力・業績原理＞および［機会均等原理］が基軸的な配分原理を占める中，「平等」または「必要」な分配に強い期待を持つ人が多い点が特徴的である．

すなわちアメリカは機会均等と能力・業績の適切な評価が確保されれば，その結果を受け入れるという姿勢で，スロベニアも現在，アメリカに近い平等・公平観を持つようになったと思われる．この点については日本も同様である．日本の場合は，結果の平等に対する期待が強いと思われるが，それを「望ましい」配分原理として主張すべきというわけではなく，むしろ「そうであってほしい」という期待の表明だと思われる．

台湾，中国，ポーランドは，＜努力・業績原理＞や［機会均等原理］とともに，結果の平等を実現する原理が必要とみなしている国である．［平等分配］と［必要分配］とどちらを重視するのかは国により違いがみられ，［平等分配原理］は台湾とポーランドで，［必要分配原理］は中国で多い．これまでの国家体制の違いを反映していると思われる．

第3の特徴は，［機会均等原理］を望ましい原理としてあげた国の中で，チャンスの国といわれるアメリカがもっとも高く（＜その通り＞：82.6％），日本（同61.7％）がもっとも低いことである．日本に次いで低い国はポーランド（同67.5％）である．こうした傾向は［業績原理］においてもみられる．

今回の調査で［努力原理］が各国共通してもっとも望ましい配分原理としてあげられている点が注目される．こうした特徴は公平観や平等観について質問したＳＳＭ調査（1995年実施）やＩＳＪＰ91調査（国際比較公正観調査，1991年実施）においても確認できる[12]．努力という言葉で象徴される"勤勉"を美徳とする価値観は，日本的労働観として評価されてきたが，必ずしも日本固有のものではなく，国，地域の違いを超えて共通している価値観といえるだろう．

しかしながら，その努力自体の中身は，回答結果からは必ずしも明瞭ではない．努力自体に価値を置くべきだと考えているのか，または将来を含めた実績とのつながりに期待してほしいのか，それとも職場や会社にとって努力する姿勢が果たす意味や役割を評価してほしいと考えているのか，いずれにしろ多様な要素が含まれていると思われる[13]．

これまでの分析において，富と収入の「望ましい」配分原理を検討してきたが，今回の調査では，現実に機能していると考えられている原理に関する質問は設けていない．社会的格差意識の背景を探るために，両者を対比する代わりに，もっとも強い格差意識を持つ人（「非常に大きな格差がある」）と格差をあまり感じない人（＜格差はある程度ある・小さい・ない＞）とを対比してみる（表4-4）．

対比によって明らかになった点は，日本を含め各国とも，富と収入のいずれの配分原理においても，社会的格差意識の強弱による際立った違いがないことである（表は割愛するが，［社会的格差の大小］を基準変数に，富と収入の個々の望ましい配分原理を説明変数にした重回帰分析の結果でも，格差の有無と配分原理との間の相関関係は希薄である）．この結果，社会的格差意識の背景を望ましい配分原理だけから推測することは困難といえる．

しかしながら「望ましい」配分原理の方向として注目される特徴があらわれ

ている．すなわち，社会的格差を強く感じる人でも，[平等配分][必要原理]を配分原理として積極的に肯定する人（「まさにその通り」）は少ないことである．すなわち社会的格差があるからといって，結果の平等を強く主張し実現を訴える人が増えるわけではなく，＜努力・業績原理＞や[機会均等原理]に対する高い期待にも変化はない．このように，社会的格差意識を強く持つ国であっても「望ましい」配分原理としては＜努力・業績原理＞および[機会均等原理]が主流となっているといえるだろう．

5. 目指されるべき社会像

それでは目指されるべき「望ましい社会」の未来像としてどのようなイメージが描かれているのだろうか．望ましい未来像として検討したのは下記の5つのモデルである．

> [物質的に豊かな社会]
> [人生のチャンスを切り開いていける社会]
> [働いた成果を自分のものにできる社会]
> [平等な関係をより進めていく社会]
> [安らかな気持ちで生活できる社会]

表4-5から明らかなように，日本社会のもっとも望ましい未来像として考えられた社会とは，[安らかな気持ちで生活できる社会]のことである（重要度がもっとも大きい「大変重要」の比率：66.3％，以下同じ）．戦後，もっとも重要な社会的目標であった[物質的に豊かな社会]（28.3％）から大きく転換しているといえる．こうした傾向は社会的格差意識の強弱別にみた結果でも同様で，格差を強く感じる人でも[豊かな社会]への期待が[安らかな社会]を上回らない．このように[豊かな社会]への期待が少ない一方，[安らかな社会]への期待が多いのは，一定程度の生活水準の達成とともに，人間らしい充実した生活を過ごしたいという欲求の表われと思われる．

表4-5 期待する社会の未来像
（「大変重要」の比率）　　　（00年調査）

	物質的に豊かな生活のできる社会	安らかな気持ちで生活できる社会	個々の人がチャンスを切り開いていける社会	働いた成果を自分のものにできる社会	平等な関係をより進めていく社会
日本	28.3	66.3	44.1	46.4	30.9
韓国	53.5	40.2	51.0	50.2	39.3
台湾	45.5	68.0	48.6	59.7	54.2
中国	67.3	69.5	65.8	51.4	72.8
イタリア	46.3	73.6	72.0	73.2	49.2
ポーランド	84.9	87.6	52.9	83.2	42.9
チェコ	74.4	88.6	46.4	76.0	25.6
ハンガリー	76.2	42.9	23.4	46.2	39.5
アメリカ	62.5	73.5	76.7	77.5	51.4

望ましい未来社会像のもう一つの転換は，[平等な関係をより進めていく社会]（30.9％）といった結果の平等重視から，機会の平等が実現している[人生のチャンスを切り開いていける社会]（44.1％）や，業績原理が機能する[働いた成果を自分のものにできる社会]（46.4％）といった公平を重視した社会へのシフトである．結果の平等から，成果や報酬を得る公平なルール構築への期待の高まりが背景にあるといえるだろう．

こうした日本の期待される未来像を各国の未来社会像と比べると際立った特徴がみられる．

第1に，[物質的に豊かな社会]（豊かな社会）に期待する人が各国とも多いのに対して日本での期待の低さが際立っているが，東欧の旧社会主義諸国ではその期待が7〜8割に達し，経済成長の著しい韓国，台湾でも5割前後を占めている．またアメリカでも「大変重要」という人が6割，イタリアでも半数近くに達している．[物質的に豊かな社会]への期待が3割弱にとどまった日本と比べ際立った開きがみられる．

第2に，[安らかな気持ちで生活できる社会]は日本で実現を期待する人が多い未来社会像だが，他の国でも実現を期待する人がかなり多い．特に台湾とイタリアでは[物質的に豊かな社会]への期待を20ポイント以上上回っている（日本は38ポイントの開き）．

このように他の国々では［豊かさ］と［安らかさ］を同時に実現しようとしているのに対して，日本の場合は［豊かさ］から［安らかさ］に未来社会像を転換しようとしているといえる．なお他の国々と比べて［安らかなに生活できる社会］に期待する人が少ないのは韓国とハンガリーである．ハンガリーの場合は，［豊かな社会］の実現を最優先する．

第3に，重要な点は，こうした傾向が［平等な関係をより進めていく社会］においてもみられることである．平等を柱とした社会への期待は日本よりも他の国の方が強く，特に中国の平等意識の強さはこうした期待する未来像の点でも際立っている（中国72.8％，日本30.9％）．

日本の［平等な社会］への見方の背景の一つに，先にみた日本の希薄な社会的格差意識があることはいうまでもないが，それよりも富と収入の望ましい配分原理でみたように，「結果の平等」から「機会の平等」へという平等原理の変化があるといえるだろう．今回の調査結果だけで結論づけることはできないが，日本人の平等観は単純な横並びの平等に期待した「結果の平等」重視から変わりつつあるとみられる．

第4に，［人生のチャンスを切り開いていける社会］と［働いた成果を自分のものにできる社会］においても，日本における未来社会像としての期待は他の多くの国を下回っている．これを未来像として期待する人が多い国がアメリカとイタリアで，特に8割近くに達したアメリカで顕著である．アメリカの場合は，"アメリカン・ドリーム"の国として，こうした未来社会像は望ましい

表4-6　［安らかな気持ちで生活できる社会］を基準変数にしてみた重回帰分析

（標準化偏回帰係数）　　　　　　　　　　　　　　　　　　　　　　　　　　　（00年調査）

	日本	韓国	台湾	中国	イタリア	ハンガリー	アメリカ
物質的に豊かな生活の出来る社会	.154**	.060	.039	.047	.092	.022	.276**
平等な関係をより進めていく社会	.181**	.376**	.317**	.576**	.023	.029	.064
人生のチャンスを切り開いていける社会	.024	.047	.109	.065	.085	.354**	.181**
自分の働いた成果を自分のものに出来る社会	.143**	.336**	.380**	.070	.278**	.256**	.142*
修正決定係数	.113	.398	.517	.406	.099	.253	.213
N =	826	560	250	415	234	498	241

注：** p<0.01
　　* p<0.05

価値として揺るがないといえる．そして［豊かな社会］や［安らかな社会］に対する期待も大きいが，［平等な社会］への期待は他の未来像と比べ最も小さい．「結果の平等」よりも「機会の平等」を重視するアメリカ人の社会的価値観を示している．

それでは日本でもっとも重視し，また他の多くの国で重視する未来像の上位にあげられた［安らかな社会］とは，どのような要件を備えた社会なのだろうか．設問で設定した社会像の範囲内だが，表4-6において，［安らかな社会］に対する重視度を基準変数に，他の未来社会像を説明変数とした重回帰分析を行ってみると，次のような結果が得られた．

日本では［安らかな社会］は［豊かな社会］［平等な社会］［成果配分の社会］との間に相関関係が認められるが，いずれも相関は弱い（標準化偏回帰係数は0.2以下）．これに対して韓国，台湾，中国のアジア各国では共通して［平等な社会］との相関が強く，特にそれは中国で顕著である（同0.576）．また韓国，台湾ではこれに加え，［成果配分の社会］との相関もみられる．逆にこうした国々では［豊かな社会］との相関はみられず，［安らかな社会］とは平等と成果配分を要件とした社会と考えられているといえる．

［成果配分の社会］は，いずれの国でも共通して［安らかな社会］の要件にあげる国が多く，また［成果配分の社会］だけを要件にあげる国はイタリアである．［チャンスの社会］を要件にあげたのがハンガリーとアメリカである．これに加えハンガリーは［成果配分の社会］を，アメリカは［豊かな社会］をあげている．アメリカにおける［安らかな社会］の意味は，機会均等といった公正原理が働く［豊かな社会］ということと思われる．

日本の［安らかな社会］の場合には，不可欠と呼べる要件はなく，豊かさ，平等，成果など様々な要素が含まれているとみられる．

6. グローバル化と平等観の変化

　経済のグローバル化の進展は，市場原理による経済体制を東欧の旧社会主義国だけでなく，社会主義的政治体制を維持する中国に対しても押し広げることとなった．こうした動きが各国の人々の暮らしと価値観にどのような影響を与えたのか．本章で注目したのは，市場経済進展にともなう社会的格差意識の変化と，社会的資源の配分に関する平等観の変化である．

　社会的格差意識の強弱の視点から国際比較で日本をみるかぎり，日本の平等神話は依然として健在であることが確認された．日本の社会的格差意識の水準は他の国と比べ最も低く，特に1985年以降イタリアとともに，社会的格差意識が減少する国となっている．日本のサンプルが大企業の正社員従業員であることに留意する必要はあるが，実態における経済的，社会的格差の拡大が議論されるなか顕著な特徴といえるだろう．こうした日本とは対照的に各国の社会的格差意識は地域，国家の違いを超えて増加しており，特に東欧の旧社会主義国で際立っている．社会主義時代の強烈な平等の観念ととともに，期待通りに進まない経済の再建が背景にあると思われる．

　市場経済化は社会的格差の拡大とともに，平等に関する価値観に変化をもたらしている．各国の平等観は国による差異を残しながらも，[平等分配][必要]といった結果の平等から，「努力」「業績」と「機会均等」を重視する機会の平等へと変化していることが確認できる（[富と収入の望ましい配分原理]）．バブル経済崩壊後の日本では，金融緩和や規制緩和をはじめとした市場原理にそったさまざまな改革が行われてきた．また民間企業における成果主義的賃金・人事処遇制度の導入にともない，成果，業績，能力を基準とした評価制度に対する肯定的な見方が広がった．日本人は横並び意識に代表されるように，結果に対する平等主義的志向が強いといわれてきたが，今回の調査では，「結果の平等」意識は大きく後退し，その代わりに「機会の平等」を柱とした平等観への支持が大きく広がっている．日本においても，[必要分配原理]への支持が

依然として強い中国などアジア各国，[平等分配原理]が強いポーランドなど東欧の旧社会主義国と同様に「機会の平等」を支持するといった平等観の転換が起こっているとみられる．

　ロナルド・ドーア（2005年）は近著の中で，「高度な技術を伴う市場経済システム」における「所得の不平等」の拡大が不可避的であると指摘するとともに，「特に最も豊かな工業社会で不平等および不平等の拡大の傾向が当たり前」とされ，「その不平等の容認が『何が公正か』についての考え方に重要な変化をもたらしつつある」と指摘し，「不平等の拡大を当たり前とする『公正』概念の変化」が起こっていると訴えている[14]（p.120）．不平等や社会的格差の拡大を肯定するか，否定するかはともかく，今回の国際調査において確認された平等観の変化と一致するものといえる．

　最後に，こうした変化の将来における課題と注目点について触れておきたい．第1は，日本の平等神話が今まで通り続くかどうかという点で，急速に社会的格差意識が増大した他の国と同様に，日本においても格差意識が増大し平等神話が崩壊するかどうかという問題である．所得・資産格差や社会移動における格差が顕在化するかどうかという問題とともに注目される点である．

　第2は，結果の平等から機会の平等へと平等観の転換が進んでいるが，機会の平等が期待通りに実現するかどうかという問題である．こうした平等が実現しない可能性は佐藤俊樹[15]（2000年）の指摘からも十分考えられる．そのことにより，平等に対する価値観がどのように変化していくのか，今後の推移を見守る必要がある．

　第3は，日本を含め各国で期待の高かった[安らかな社会]が，機会の平等同様に，望ましい社会として実現できるのかという問題である．[安らかな社会]の要件は国によりやや異なるものの，グローバルな市場経済化の流れの中で，その実現は今後の課題といえるだろう．

（西村博史）

注)
1) 間々田孝夫「自分はどこにいるのか　階層帰属意識の解明」海野道郎（編）『公平感と政治意識－日本の階層システム2』東京大学出版会，2000年，p.65.
2) 石川晃弘・梅澤正・高橋勇悦・宮島喬（編）『みせかけの中流階級』有斐閣，1982年，第2章，参照.
3) 佐藤俊樹『不平等社会日本－さよなら総中流』中央公論社，2000年.
4) 橘木俊詔『日本の経済格差』岩波書店，1998年.
5) 玄田有史「ニート，学歴・収入と関連－若年雇用への視点（上）」日本経済新聞「経済教室」2005年4月13日.
6) 不公平感の要因分析をした織田輝哉と阿部晃士は，「個人属性・社会経済的地位は全般的不公平感をほとんど説明できない」と分析している．織田輝哉・阿部晃士「不公平感はどのように生じるのか－生成のメカニズムの解明」海野道郎（編）『公平感と政治意識－日本の階層システム2』東京大学出版会，2000年，p.113.
7) 電機連合調査時報第212号「10カ国電機労働者の意識調査結果報告」1986年6月，参照.
8) 間淵領吾「不公平感が高まる社会状況は何か」海野（編）前掲書.
9) 橘木の主張に対しては，松浦克己「日本における分配の概観」および原嶋耐治・手嶋久也「賃金格差の実態」宮島洋・連合総研（編）『日本の所得分配と格差』東洋経済新報社，2004年；大竹文雄「所得格差の拡大はあったのか」樋口美雄・財務省財務総合政策研究所（編）『日本の所得格差と社会階層』所収，日本評論社，2003年．佐藤の主張に対しては，石田浩「社会移動からみた格差の実態」宮島洋・連合総研（編）『日本の所得分配と格差』東洋経済新報社，2002年；盛山和夫「階層再生産の神話」樋口・財務省財務総合政策研究所（編）前掲書.
10) 山田昌弘『希望格差社会－「負け組」の絶望感が日本を引き裂く』筑摩書房，2004年.
11) 橘木は，日本の平等神話は崩壊し，すでに平等社会でなくなっているが，こうした「不平等を見たくない，目をそむけようとしている，さわりたくない，といった意識が国民の底辺にある」と，日本では不平等の実態が封印される状況にあると説明している．橘木俊詔（編）『封印される不平等』東洋経済新報社，2004年，p.4.
12) 宮野勝「公平理念はどのように形成されるのか」海野（編）前掲書.
13) 斎藤友里子・山岸俊男「日本人の不公平感は特殊か」海野（編）前掲書.
14) ロナルド・ドーア（2005年）『働くということ－グローバル化と労働の新しい意味』中央公論新社，2005年.
15) 佐藤，前掲書.

第5章 賃金の差を決めるもの

1. はじめに

　賃金は労働者にとってもっとも関心の高いものである．しかし，その支払い方法，賃金決定の基準等は各国により異なる．このため，労働者の賃金意識も国により差異が生じうる．

　賃金は名称の如何を問わず，①労働者にとっての生計費をまかなう原資であり，②労働市場における労働力の価格であり，③企業にとっては生産に必要な費用，すなわち労務費である．これらの点では各国とも共通した理解が得られることと思われる．賃金の水準はこれらの背景によって決められている．労働者にとって関心があるのは受け取る賃金の絶対額だけでなく，他者との格差である．賃金格差には産業別，企業規模別，職種別，年齢別，勤続別，性別，学歴別，業績別などさまざまな次元があるが，労働者がこれを不合理的な格差と認識した場合，労働者の不満は高まる．ここには，当然，各国の賃金支払い制度，支払い体系が大きく影響する．たとえば日本には加齢とともに上昇する賃金カーブがあり，このカーブの変更は労働者の大きな関心を呼ぶ．

　では，賃金の差はなにに基づいて設けられるべきなのか．いいかえると，どんな賃金格差なら，労働者は納得するのか．要するに，労働者にとって賃金格差の正当性の根拠はどこにあるのか．それは労働者が暮らす国の社会と文化に深く関わっている点であり，その労働者の生活構造と価値観からの理解が必要な点でもある．

本章ではそこまで深く分析はできないが，われわれの国際調査から，少なくとも，労働者が賃金決定においてどんな要因が重視されるべきだと考えているか，という点に関するデータを，ここに示すことができる．ちなみに，賃金の国際比較調査は数多くあるが，賃金の決定要因に関する労働者の意識を国際比較で調査したのは，おそらくこれが初めてであろう．

1990年代に入り各国の諸産業は経済のグローバル化の中で熾烈な国際競争を展開してきた．その影響を受けながら就業形態・勤務形態，業務・仕事内容が大きく変化し，必要とされる労働力とその雇用形態も大きく変容した．このことは当然賃金決定基準の変化をもたらしている．日本ではこの間，年功給と職能給を基本としてきた賃金制度が徐々に変化し，年功給部分が縮小し能力給・成果給部分が増大してきた．労働者はこれをどうみているだろう．他の国々ではどうか．

本章では00年調査の結果から，各国で労働者は何を賃金決定要因として重視すべきと考えているのかを追究してみる．

2. 賃金決定要因は何か

賃金決定要因に関しては95年調査と00年調査の中に設問がある．95年調査では8つの質問項目（教育水準,仕事の不快さ［汚さ,騒音,骨の折れる仕事］,仕事の達成度，扶養家族数，仕事の責任度，勤続年数，年齢，性別）を設けたが，00年調査ではさらにこれを15項目に増やした（教育水準，仕事の不快さ，仕事の達成度，扶養家族数，仕事のスキル［技能や技術，熟練など］，勤続年数，年齢，性別，グループやチームの業績，会社の業種，肉体的負荷，精神的負荷，仕事上の責任，外国語能力，人柄［思いやり，親切さ，几帳面さなど］）．そしてこれの項目についてそれぞれ4段階の回答選択肢（1大いに考慮すべきだ，2ある程度考慮すべきだ，3あまり考慮すべきではない，4まったく考慮すべきではない）を置いて回答を得た．

まず，賃金決定の各項目について「大いに考慮すべき」と回答したものの比率の大きさから，国別にその順位をつけて表5-1に示してみる．この表から次の点を指摘することができる．

表5-1　国別にみた賃金決定要因の重要度の順位

	日本	韓国	台湾	中国	フランス	イタリア	モンドラゴン	フィンランド	ポーランド	チェコ	スロバキア	スロベニア	ハンガリー	エストニア	アメリカ
教育水準	14	10	1	8	9	7	5	7	4	8	7	9	1	7	8
仕事の不快さ	6	4	2	4	6	3	6	6	5	4	6	5	10	2	6
仕事の達成度	1	2	5	1	3	2	1	3	2	1	1	1	2	3	3
扶養家族	9	12	15	10	13	11	12	13	13	12	12	13	14	13	13
仕事のスキル	2	3	4	2	1	4	2	2	3	3	3	3	4	1	1
勤続年数	11	9	10	11	7	9	15	1	8	10	10	12	6	11	10
年齢	12	14	12	12	14	15	12	14	14	14	13	12	14	14	14
性別	15	15	14	15	15	15	14	15	15	15	15	15	15	15	15
チーム業績	10	6	8	12	8	12	9	−	12	9	5	6	9	10	5
会社業績	5	1	3	5	5	8	3	1	6	5	4	4	3	8	4
肉体負荷	7	8	11	7	10	10	7	4	9	7	8	10	13	5	11
精神負荷	4	5	13	9	11	6	9	8	10	6	8	7	11	6	7
仕事上の責任	3	7	5	3	2	1	4	5	1	2	2	2	5	4	2
外国語能力	13	13	7	13	13	13	11	9	11	13	13	11	7	9	9
人柄	7	11	9	6	4	5	8	10	7	11	11	8	8	12	11

第1に，どの国でも高い順位を得ているのは「仕事の達成度」と「仕事のスキル」である．日本もそうで，この2つが最上位を占める．「仕事上の責任」も日本を含めて多くの国で上位にランクされるが，必ずしもそうでないのは韓国で，この国ではその代わりに「会社の業績」が最高位にランクされている．

第2に，その反対にどの国でも低位にあるのは「性別」である．台湾を除くすべての国でこれは最下位に位置する．日本でもこれを「大いに考慮すべき」と答えた者は，わずか1.3%である．台湾ではそう答えた者が20.9%いるが，順位でいうと「性別」は15項目中14位で，最下位に次ぐ．台湾で最下位にくるのは「扶養家族」である．なおフィンランドでも「性別」が14位にランクされているが，この国では「チーム業績」を載せてなかったので14項目だけ

の設問になっており，したがって14位は最下位を意味する．

　第3に，「年齢」も各国で低い順位にくる．「勤続年数」や「扶養家族」も概して順位が低い．これらに関して「大いに考慮すべき」という者は，どの国でも40%に満たない．日本ではその比率は「年齢」で5.9%,「勤続」で6.3%,「扶養家族」で13.8%にすぎない．

　第4に，「教育水準」は国によって順位がかなり異なるが，これが他国に比べてもっとも低いのは日本である．これを「大いに考慮すべき」と答えた者の比率は他の国では10%以上であり，台湾とハンガリーとポーランドでは50%以上にのぼる（概して東欧諸国のほうが西欧やアメリカより高い）が，日本ではわずか2.1%である．台湾は日本と対照的で，「教育水準」が最上位にくる．

　第5に，「会社の業績」はフィンランドと韓国で最上位にランクされる．これを「大いに考慮すべき」とする者の比率が特に高いのはフィンランド（75.3%）のほか，労働者自主管理経営を経験してきたスロベニアと協同組合経営のモンドラゴンで，意外とアメリカでもそれが高い（50%台）．この点日本は必ずしも高くない（22.2%）．

　日本に関して意外だったのは，年功賃金のベースと考えられてきた性別・年齢・勤続・学歴が，賃金決定要因として「大いに考慮すべき」と考える者が非常に少なく（1割に満たない），またチームの業績や扶養家族や人柄に関しても，そのような回答は2割に満たない．日本で特に重視されているのは「仕事の達成度」（55.7%），「仕事のスキル」（41.6%），「仕事上の責任」（35.1%）である．この点は他の多くの国に共通している．

3. 賃金決定要因の分類と国際比較

3-1　賃金決定要因の分類

　上では賃金決定要因として15の項目をあげ，それぞれについて「大いに考慮すべき」とした回答比率の大きさに注目し，その大きさよって国ごとに項目

の順位づけをして分析を進めた．今度はその15項目について因子分析を行い，賃金決定要因をいくつかのグループに集約してみる．

00年調査の結果による因子分析の結果，5つの因子が析出された（表5-2）．すなわち，

第1因子：仕事の負荷（肉体的負荷，精神的負荷，仕事上の不快さ）
第2因子：年功と生活（年齢，勤続年数，性別，扶養家族数）
第3因子：能力と課業（仕事のスキル，仕事の達成度，仕事上の責任）
第4因子：集団の業績（チームの業績，会社の業績）
第5因子：教育水準（教育水準，外国語能力）

である．

3-2　一般的観察

このように15の項目は5つのグループに要約されたので，その特徴を因子

表5-2　賃金決定要素についての因子分析の結果

<2000年>

変数名	因子No.1 仕事の負荷	因子No.2 年功	因子No.3 仕事	因子No.4 業績	因子No.5 学歴・語学力
肉体的負荷	0.861	0.153	0.104	0.136	0.054
精神的負荷	0.704	0.110	0.200	0.136	0.096
仕事上の不快さ	0.440	0.068	0.203	-0.005	0.072
年　齢	0.015	0.833	-0.019	0.086	0.070
勤続年数	0.128	0.471	0.135	0.090	0.177
性	-0.002	0.583	-0.218	0.146	0.131
扶養家族数	0.232	0.476	0.037	0.025	-0.136
仕事上のスキル	0.140	0.024	0.575	0.123	0.247
仕事上の達成度	0.184	-0.056	0.582	0.151	0.051
仕事上の責任	0.317	-0.016	0.488	0.173	0.193
チームの業績	0.092	0.116	0.179	0.687	0.047
会社の業績	0.091	0.139	0.125	0.613	0.092
外国語の能力	0.106	0.060	0.116	0.128	0.405
学　歴	0.031	0.075	0.135	-0.011	0.639
寄 与 率	12.03%	11.20%	8.20%	7.19%	5.53%

（注）因子負荷量：回転後（バリマックス法）

得点の平均値をもとに検討したい．この因子得点は標準化されているので，平均値は0，標準偏差は1である．プラスであれば賃金決定要因として重視されており，マイナスであれば重視されていないことを意味する．

表5-3は，00年調査の全サンプルと男性と女性の因子得点を国別に示している．

表5-3 賃金決定要因・国別因子得点表

全サンプル

	日本	韓国	台湾	中国	フランス	イタリア	エストニア	ポーランド	チェコ	スロバキア	ハンガリー	スロベニア	アメリカ
負荷	.058	-.222	-.283	.093	-.337	-.062	.460	.131	.329	.107	-.544	.001	-.106
年功	.114	.150	.585	.250	-.385	-.165	-.406	-.066	-.097	-.337	.344	-.065	-.440
仕事	-.192	-.581	-.580	.199	.111	.019	.337	.357	.357	.378	-.424	.261	.284
業績	-.032	.047	.066	-.043	-.200	-.288	-.221	-.136	.078	.214	.169	.302	.367
学歴	-.513	-.349	.365	-.011	-.150	-.249	.250	.341	.167	.070	.330	.189	.310

男性

	日本	韓国	台湾	中国	フランス	イタリア	エストニア	ポーランド	チェコ	スロバキア	ハンガリー	スロベニア	アメリカ
負荷	.041	-.289	-.276	.103	-.358	-.118	.059	.095	.193	-.272	-.695	-.109	-.163
年功	.093	.124	.595	.165	-.425	-.205	-.392	.065	-.181	-.276	.350	-.126	-.470
仕事	-.202	-.533	-.550	.227	.118	.007	.336	.356	.338	.394	-.432	.290	.250
業績	.002	.109	.051	.054	-.180	-.173	-.353	-.053	.116	.388	.103	.260	.374
学歴	-.528	-.328	.399	.055	-.199	-.348	.346	.281	.173	.212	.435	.119	.317

女性

	日本	韓国	台湾	中国	フランス	イタリア	エストニア	ポーランド	チェコ	スロバキア	ハンガリー	スロベニア	アメリカ
負荷	.077	-.078	-.304	.085	-.352	.025	.554	.170	.473	.260	-.388	.211	-.018
年功	.101	.204	.546	.300	-.457	-.097	-.415	-.181	-.025	-.361	.343	.062	-.392
仕事	-.137	-.685	-.645	.183	.032	.001	.341	.366	.372	.372	-.431	.209	.336
業績	-.145	-.096	.100	-.109	-.310	-.471	-.198	-.209	.043	.144	.232	.387	.357
学歴	-.482	-.397	.306	-.014	.073	-.065	.225	.389	.166	.013	.221	.310	.299

日本についていえば,「年功」(.114)がわずかにプラスであり,「負荷」(.058)と「業績」(-.032)については全体平均なみ,「仕事」(-.192)はマイナス,「学歴」(-.528)は大きくマイナスとなっている.「年功」はいまなお他の賃金決定要因よりも重視されている.「学歴」について他の13ヵ国と比べると,日本の拒否反応がもっとも高い.

国別に特徴をみると韓国と台湾は「仕事」についてマイナス意識が大きく,東アジアの共通性とも思われる.「仕事」についてヨーロッパではハンガリーだけがマイナスが大きく,他の国はプラスとなっている.台湾は「年功」について際立って高い.台湾はもっとも年功志向の高い国となっている.「年功」がプラスの高い国はヨーロッパではハンガリーだけであり,他の国はマイナスとなっている.ハンガリーと台湾は賃金決定要因の意識が共通している.「業績」が大きくマイナスとなっている国は韓国,台湾である.「業績」を重視しているのはスロバキア,ハンガリー,スロベニアとアメリカである.東欧諸国ではハンガリーを除き「仕事」が重視されている.また,東欧諸国とアメリカでは「学歴」も重視されている.フランスとイタリアは「仕事」が若干高いが,「年功」や「業績」などはマイナスとなっている.成果主義中心といわれるアメリカでは「年功」は大きくマイナスとなっている.

男女別による違いをみると,韓国,スロバキアで男性が「業績」を大きくプラス評価している.「負荷」についてはエストニア,スロバキアで女性の方がプラス評価している.

3-3 年齢階級別・職種別観察

次に男性だけをとりだして,東アジア4ヵ国,西欧2ヵ国(フランスとイタリア),東欧2ヵ国(ポーランドとハンガリー)に関して,年齢階級別の傾向を探ってみる(表5-4).

表 5-4 男子・年代別賃金決定要因・因子得点表

日本

	19 20-24歳	126 25-29歳	156 30-34歳	140 35-39歳	67 40-44歳	60 45-49歳	34 50-54歳
負荷	-0.15	-0.00	0.072	0.099	0.019	-0.07	0.171
年功	0.014	-0.11	0.004	0.043	0.212	0.379	0.516
仕事	0.022	-0.18	-0.16	-0.17	-0.16	-0.41	-0.31
業績	-2E-	0.010	-0.07	0.042	-0.04	0.004	-0.01
学歴	-0.31	-0.66	-0.59	-0.51	-0.45	-0.42	-0.39

韓国

	89 25-29歳	97 30-34歳	89 35-39歳	75 40-44歳	12 45-49歳
負荷	-0.1769	-0.2139	-0.2759	-0.4617	-0.7648
年功	0.09540	-0.0529	0.23819	0.20078	0.29988
仕事	-0.5372	-0.4185	-0.6415	-0.6028	-0.3228
業績	-0.0227	0.13693	0.14097	0.17080	0.31958
学歴	-0.2282	-0.2943	-0.4664	-0.3667	-0.3481

台湾

	12 25-29歳	11 30-34歳	32 35-39歳	35 40-44歳	34 45-49歳	15 50-54歳
負荷	0.2652	0.0144	-0.338	-0.261	-0.429	-0.642
年功	1.4075	0.6981	0.5053	0.6740	0.3306	0.3524
仕事	-0.352	-0.802	-0.372	-0.735	-0.643	-0.647
業績	0.0742	0.2015	0.1056	0.0440	-0.047	-0.039
学歴	0.8568	0.5744	0.2715	0.4493	0.3240	0.1855

中国

	17 20-24歳	52 25-29歳	25 30-34歳	34 35-39歳	16 40-44歳	12 45-49歳
負荷	0.0465	0.0982	0.0505	0.2028	0.2382	-0.242
年功	-0.094	-0.109	0.0169	0.7429	0.1290	-0.063
仕事	0.1692	0.062	0.3696	0.0703	0.5581	0.3372
業績	0.212	-0.225	0.3281	0.1233	0.4080	-0.069
学歴	-0.113	-0.004	0.0114	0.2937	-0.492	0.0025

フランス

	14 20-24歳	25 25-29歳	26 30-34歳	16 35-39歳	14 40-44歳	11 45-49歳	12 50-54歳
負荷	-0.58	-0.29	-0.14	-0.15	-0.39	-0.73	-0.56
年功	-0.37	-0.67	-0.55	-0.51	-0.40	-0.28	0.023
仕事	0.469	0.315	-0.08	0.022	0.214	0.026	-0.11
業績	-0.19	0.156	-0.07	-0.64	-0.18	-0.43	-0.14
学歴	0.292	-0.12	-0.30	-0.36	-0.43	-0.09	-0.16

イタリア

	16 20-24歳	49 25-29歳	37 30-34歳	15 35-39歳	14 40-44歳
負荷	0.260872	-0.22753	-0.00101	-0.24801	-0.28838
年功	-0.02497	-0.19967	-0.28830	0.209803	-0.05922
仕事	-0.11598	-0.04367	0.094253	0.005561	-0.07209
業績	-0.35690	-0.22665	-0.15756	-0.38439	0.224548
学歴	-0.35333	-0.34246	-0.36528	-0.42437	-0.46223

ポーランド

	30 20-24歳	45 25-29歳	28 30-34歳	15 35-39歳	25 40-44歳	39 45-49歳	29 50-54歳
負荷	0.411	0.172	0.223	-0.09	0.040	-0.01	-0.04
年功	0.008	0.026	-0.17	0.099	0.062	0.052	0.096
仕事	0.173	0.354	0.369	0.135	0.493	0.373	0.478
業績	-0.13	-0.17	0.057	-0.15	0.161	-0.01	-0.21
学歴	0.223	0.312	0.121	0.200	0.201	0.253	0.346

ハンガリー

	20 20-24歳	28 25-29歳	19 30-34歳	25 35-39歳	26 40-44歳	28 45-49歳	26 50-54歳
負荷	-0.68	-0.90	-0.63	-0.74	-0.60	-0.64	-0.83
年功	0.809	0.119	0.578	0.484	0.356	0.424	0.157
仕事	-0.11	-0.83	-0.12	-0.24	-0.43	-0.64	-0.48
業績	0.095	0.061	0.061	0.170	-9E-	0.147	0.137
学歴	0.546	0.195	0.372	0.571	0.618	0.403	0.427

　日本を含めて東アジア4ヵ国では「年功」のプラス評価がみられ，日本では40歳代後半，特に50歳代でそれが顕著であり，韓国では30歳代半ばから，台湾では30歳代と40歳代前半，中国では30歳代後半でそのプラス評価が大

きい．「学歴」は日本と韓国ではどの年齢層でもマイナス評価をうけているが，台湾では特に20歳代後半と30歳代前半で高い評価を得ている．東欧2ヵ国では西欧2ヵ国に比べて，「年功」も「学歴」もポーランドの30歳代前半を例外としてプラスに評価されている．なお日本では若年層では「仕事」，中年層では「負荷」，そして中高年層では「年功」の重みがでてくる．

さらに男性だけをとりだして職種別の傾向をみてみる（表5-5）．

表5-5 職種別賃金決定要因・国別因子得点表

日本

	負荷	年功	仕事	業績	学歴
現業職	.178	.243	-.216	-.034	-.545
事務技術職	.021	.037	-.184	.018	-.531

韓国

	負荷	年功	仕事	業績	学歴
現業職	.150	.329	-.934	-.002	-.606
事務技術職	-.243	.048	-.471	.106	-.309

台湾

	負荷	年功	仕事	業績	学歴
現業職	-.144	.771	-.478	.206	.416
事務技術職	-.484	.413	-.743	-.191	.387

中国

	負荷	年功	仕事	業績	学歴
現業職	.284	.349	.331	.129	-.053
事務技術職	-.046	.109	.174	.037	.103

フランス

	負荷	年功	仕事	業績	学歴
現業職	-.259	-.322	.053	-.277	-.283
事務技術職	-.383	-.518	.178	-.123	-.114

イタリア

	負荷	年功	仕事	業績	学歴
現業職	-.069	-.035	-.306	-.474	-.447
事務技術職	-.110	-.281	.135	-.036	-.318

ポーランド

	負荷	年功	仕事	業績	学歴
現業職	.144	.326	.371	-.001	.149
事務技術職	.129	-.034	.314	-.115	.362

ハンガリー

	負荷	年功	仕事	業績	学歴
現業職	-.619	.495	-.448	.098	.286
事務技術職	-.847	.113	-.529	-.037	.626

この図をみると，日本を含めて東アジア各国の現業職の間で「年功」志向が強いことがわかる．他方ヨーロッパではポーランドとハンガリーの現業職で「年功」がプラス評価となっている．

韓国の現業職は「負荷」を重視しているが，中国では現業職が「業績」，技術職・事務職は「学歴」を上げている．イタリアの技術職・事務職は「仕事」をプラス評価している．

4. 日本の特徴 —結びに代えて—

　グローバル化と長引く不況の中で，日本の企業は新しい経済環境に適応していくため，伝統的な年功型人事管理からの脱皮を模索してきた．その一環として賃金制度の見直しが進められ，新しい格差づけの原則が追求されてきた．その中で労働者は賃金決定に当たってどんな原則を正当なものとして受け入れるのだろうか．この点に関して国際比較を通して労働者の意識を探ってみると，次のようなことが見つかった．

　まず意外だったのは，日本型年功賃金のベースと考えられてきた性別・年齢・勤続・学歴は，賃金決定要因として思われたほど重視されてはいないという点である．賃金を決めるさいにこれらを「大いに考慮すべき」と考える者が1割に満たない．また，チームの業績や扶養家族数や本人の人柄といった，人事評価や手当に結びつくような要因に関しても，そのような回答は2割に満たない．これに対して特に重視されているのは，第1に「仕事の達成度」，第2に「仕事のスキル」，そして第3に「仕事上の責任」である．つまり，仕事の遂行能力とその成果が最重視されているのである．この点は他の多くの国に共通しており，賃金格差がこれと連動しているかぎり，正当性を得られるとみられる．

　そうはいっても，因子得点から国際比較をしてみると，日本は欧米諸国と比べて（台湾，中国，韓国ほどではないが）「年功」要因が重視されている国であり，そのポイントは「仕事」要因よりも高い．「仕事」要因は日本の場合，若年層を除くとむしろマイナス値を示しており，これに対して「年功」要因は特に中高年層で高いプラス値を示している．職種別でみれば，「年功」要因は現業職で特に高い値が表れている．

　要するに日本では，確かに労働者の中でも年功制に対する支持が薄れ，仕事の職務能力と成果が正当性を得てきているとみられるが，国際的にみるとやはり「年功」要素が欧米諸国と比べて支持されており，特にそれは現業職，中高年層において担われているといえる．

なお「学歴」要因については重視する国とそうでない国があり，台湾，ポーランド，ハンガリーは男女ともにこれをかなり重視している．東欧諸国は概してこれを重視する傾向がある．これに対して日本では逆であり，これを重視する者の割合は国際的にみて最低である．

（﨑岡利克）

第6章 職場におけるジェンダー問題
―性別職務分離の実態とジェンダーの再編―

1. はじめに

　先進諸国ではこの30年間に，多くの女性が労働市場へ進出し，女性の管理職や専門職の割合も増加してきた．しかしその一方で，男女間の賃金格差が端的に示すように，法規がいくら雇用平等や同一賃金を保障しても，程度の差はあれ，世界中の国々で職場における男女間の不平等は，堅固に維持されつづけている[1]．

　日本でも近年，働く女性をめぐる社会環境は，雇用の機会均等や育児・介護関連の法規が制定あるいは整備され，大きく変化している．ところが，女性の賃金は，男性の7割にも達していないのが現状で，年齢階層別の女性の労働力率をみると，結婚・育児を機に一度労働市場を退出し，その後に再入するいわゆるM字型カーブを描いており，ジェンダーによる働き方の違いが浮き彫りとなっている．

　グローバル化の進展にともなって激しく変化する経済的・社会的環境のもと，男女の異なった役割を前提として維持されてきた日本特有の雇用慣行は，大きな転換期を迎えている．男女の意識も変化し，さらに国の福祉政策も大きく揺れ動くなかで，仕事と育児・家事の両立を可能とし，労働者自身が性を問わず多様な働き方を選択できる「ファミリー・フレンドリー」施策の推進が，重要課題の一つとして浮上している．電機連合が2004年春闘の統一目標の一つに掲げた，配偶者の出産時における男性組合員への5日間の休暇承認も，こうし

た背景のなか少子化対策を視野に入れた新しい方向性を指し示すものである．
　今日，「女性労働」を論じることは，たんに女性たちが抱える問題を提起するだけではなく，職業生活と家庭生活のバランスを考慮した新しい生き方を希求するジェンダー・フリーな社会への足がかりの提供を含意している．そこで本章では，国際比較のパースペクティブを通じて，日本の電機産業における女性労働の構造的特徴を職務内容や賃金から分析し，その変容を検討してゆくこととする．

2.　問題の所在；職務・職域の性別分離と賃金格差

　本章では，まず男性と女性が異なった職種や職域に従事している「性別分離」の現状に注目する．
　「性別分離」は，①「水平的分離」(ジェンダーによる偏った職業・職務配分状況) と，②「垂直的分離」(同一職種の中で，専門的知識や技能的資格や管理能力が必要であり社会的ステータスが高い職務に男性が，判断責任や専門知識・技能を必要としない定型的な下位ステータスに位置づく職務に女性が割り当てられる)，の2つの側面から分析される[2]．
　性別職務分離に関する先行研究を概観すると，各国の職業統計から計量的に推定された分離指数を用いて国際比較が試みられ，日本の職域分離は，先進諸外国に比べ小さいことが立証されてきた[3]．
　だが，多能的かつ弾力的な技能形成や昇進昇格制度を特徴とする日本の職場における性別分離の実態理解には，個々人の日常の職務に着目し職場レベルでの職務配置の検討が不可欠である．マクロレベルの職業統計からはじきだされる分離指数からは浮かび上がってこない要因，つまり企業内あるいは職場レベルでの同一職種内における男女の職域や職階の分離にも目を向ける必要がある．
　そこで本章では，日常従事している職務内容から男女の職域分離に注目し，その構造的特徴を検討してゆく．さらに，時系列で検討を行い，電機産業の構

造的な変化が，ジェンダー関係にどのような影響を与えているのか，はたしてそれは男女の職域の統合へと向かっているのかも考察してゆく．これまで技術革新による仕事内容の変化は，女性の男性職域への参入をもたらすものの，性別の職域分離を解消することはなく，むしろ新たなジェンダーの再編が行われることが先行研究によって実証されており[4]，女性の参入した男性職は，技能レベルやステータスや報酬の低下と連動し，女性は熟練の解体の担い手であったことが明らかにされてきた[5]．では，電機産業ではこの20年間にどのような変化がみられるのだろうか．

先述のようにマクロレベルで算出した分離指数では，日本の性別分離は比較的小さいという指摘がなされているものの，現実には男女の賃金に大きな格差が存在している．こうした現状の解釈としては，女性の多くがパートタイマーであるという男女間の雇用形態の違いや，あるいは就業している企業規模の格差など，労働市場の構造的要因が理由としてあげられてきた．企業内での「年齢評価」が，男女間の賃金格差の最大の要因であるという指摘もなされている[6]．本章では，とくに他の国々との比較から賃金格差の実態に注目する．

以下分析を進めていくが，本調査は特にジェンダー関係分析を主眼とする設問設計がなされていないため，男女労働者の意識の違いに関する因果的な分析よりも，構造的特徴の理解が焦点となる．2001年に電機連合が実施した『働く女性の21世紀』に関する調査（以下，21世紀調査）を先行研究として援用しながら，論をすすめていくこととする[7]．

3. サンプル構成にみるジェンダーの編成

表6-1 女性比率（％）

		日本	韓国	中国	イタリア	フィンランド	エストニア	ポーランド	チェコ	スロバキア	ハンガリー	スロベニア
家電	85	11.1	—	—	28.4	—	—	43.1	—	—	57.8	60.1
	95	18.5	46.6	66.5	37.9	64.0	—	48.4	50.5	63.0	62.3	69.0
	00	21.0	36.3	59.0	58.5	65.1	—	40.6	51.7	71.4	54.0	41.1
通信	85	18.3	—	—	58.5	—	—	53.5	—	—	59.2	46.3
	95	25.3	—	53.3	57.3	—	—	—	53.8	43.8	—	40.1
	00	26.6	—	60.6	—	24.7	78.4	58.1	—	—	—	16.5
現業職	85	11.3	—	—	47.2	—	—	37.3	—	—	65.7	49.0
	95	27.9	64.1	63.5	48.9	38.4	—	47.2	50.7	54.9	66.9	84.6
	00	29.7	65.9	64.7	59.3	79.1	87.0	27.0	51.7	80.3	60.5	48.8
事務職	85	34.5	—	—	43.0	—	—	73.2	—	—	91.8	66.4
	95	44.8	52.4	63.6	51.0	87.0	—	84.3	88.4	92.7	92.3	81.9
	00	38.9	46.0	66.7	63.6	76.1	90.5	85.6	76.7	92.0	91.9	77.8
技術職	85	6.5	—	—	2.1	—	—	—	—	—	36.9	20.5
	95	12.4	23.5	55.3	7.5	13.3	—	25.0	27.1	31.7	20.7	21.3
	00	13.1	2.8	49.6	10.1	15.9	8.0	29.0	15.9	25.0	13.3	15.8
管理・監督職	85	0.7	—	—	0.0	—	—	30.4	—	—	23.7	17.9
	95	2.5	3.8	61.9	13.8	5.7	—	24.6	24.2	14.3	20.0	25.0
	00	2.9	16.3	39.3	0.0	10.5	53.8	52.3	23.8	14.3	11.9	22.0

　では，まずサンプルの特徴をみてみよう．本章では，日本を中心とした時系列の比較可能性から，『家電』と『通信』の2つの業種のみを分析対象とし，さらに女性サンプル数を考慮し，10ヵ国を日本との比較対象として選出している[8]．

3-1 女性比率

　表6-1は，各国のサンプルの女性比率を業種別・職種別に示したものである．日本の女性比率は『家電』で85年11.1%，95年18.5%，00年21.0%，『通信』では85年18.3%，95年25.3%，00年26.6%と，15年間で微増傾向にある．だが，00年のフィンランド（24.7%）とスロベニア（16.5%）の『通信』を除き，日本の女性比率が最も低くなっている．職種別にみても，典型的な女性職である「事務職」の場合も，日本では5割を下回っており，日本の女性比率の低さが際立った結果となっている．

3-2 「若年・短期・未婚型」から「中高年・長期・既婚型」へ

　このように日本の女性比率が低いのは，調査対象が組合員であり，すべてフルタイムの正社員であることと関連する．つまり，日本の労働市場におけるジェンダー分離の現状を反映した結果といえよう．これまで男性は長期雇用の長期的な熟練を有する基幹労働者であり，女性は，労働市場においては短期や非正規の男性労働者の補完要員，家庭では家事・育児をこなし男性の職業生活を支える存在であった．本調査の対象国の中で，結婚・出産で一時労働市場を退出し，その後再入するいわゆるM字型就労を見せているのは，日本と韓国（未婚率65.2%：00年）だけであった．

　85年調査では，日本以外では6割，7割が既婚女性なのに対し，日本の既婚率は2割にも満たない（表6-2）．しかし1980年代以降になると，それまでの「若年・短期・未婚型の補助職」から「中高年・長期・既婚型の基幹労働」へと徐々に変化し，表6-2にみられるように既婚率は00年には『家電』53.4%，『通信』42.2%へと増加している．だが，女性サンプル全体では，未婚率（50.5%）がまだわずかながら既婚率（46.4%）を上回っている．

　働き方の変化に伴って，女性の平均年齢は85年から00年の間に『家電』で4.1歳，『通信』で6.4歳上昇し，勤続年数も『家電』で85年9.6年→00年13.7年，『通信』では同7.3年→同13.7年と，男性と同レベルまで長期化している．

3-3 職種構成

　日本では3回の調査を通じて「現業職」の割合が，調査国中でもっとも低く（85年33.5％，95年18.3％，00年17.8％），その一方で「技術職」の占める割合が高い（同37.6％，同47％，同46.3％）のが特徴となっている．日本では1985年の段階ですでに，『家電』『通信』ともME化の進展により従来の労働集約型から知識集約型へと産業構造がシフトしており，生産ラインに従事する現業職よりも，技術職・事務職の間接部門の割合が大きくなっている．

　業種別にみると『家電』（00年）の現業職は，他の調査国では5～6割台だが，日本では21.6％と，韓国（25.7％）と同様に低い値を示している．『通信』でも，現業職のサンプルが含まれていないフィンランドや，ポーランド（13.4％）に次いで，日本では「技能職」は13.6％と2割にも満たない．エストニア（79.2％）とスロベニア（57.5％）では直接部門の比重が大きい．

　では，こうした職種構成は，女性の職域とどのように関連しているだろうか．表6-2から時系列の変化を見てみよう．

　まず00年『家電』では，女性でもっとも多いのは「現業職」だが，女性全体では「事務職」「技術職」など間接部門の比重の方が高い．女性「現業職」は85年から00年のあいだに25ポイント減少し（58.6％→33.4％），「技術職」が18ポイント増加している（4.3％→22.3％）．

　男性では「現業職」が2割を切り（32.3％→18.0％），ほぼ半数が「技術職」（38.8％→49.7％）で，そのうち33.7％が「エンジニア」である．女性「技術職」も増加しているのだが，より専門性の高い女性「エンジニア」は6.7％（00年）にとどまっており，男女の職種構成は，大きな偏りをもって再構成されていることがうかがわれる．

表 6-2　日本のサンプルの特性

		N =	職種構成（%）					年齢 平均（歳）	勤続 平均（年）	学歴			既婚率 (%)
			現業職	事務職	技術職	エンジニア	管理監督職			高卒	短大・高専卒	大卒・大学院卒	
家電	85 男	560	32.3	11.1	38.8		15.0	32.8	12.3	49.3	6.1	25.7	55.3
	85 女	70	58.6	27.1	4.3		1.4	20.8	9.6	55.7	14.3	6.7	17.1
	95 男	405	21.7	15.8	46.4	32.3	10.3	36.8	15.4	51.4	10.1	31.9	72.1
	95 女	92	41.3	35.9	14.2	2.2	2.2	26.3	11.0	77.2	9.8	2.2	39.1
	00 男	338	18.0	23.1	49.7	33.7	5.3	38.3	14.9	52.4	5.6	38.8	71.9
	00 女	90	34.4	30.0	22.3	6.7	0.0	32.4	13.7	77.8	4.4	10.0	53.4
通信	85 男	652	20.6	14.7	56.0		6.4	32.7	11.7	41.7	14.0	33.7	50.5
	85 女	140	16.4	47.9	31.4		0.0	25.7	7.3	50.7	22.9	19.2	17.1
	95 男	358	11.5	15.4	60.3	39.1	10.1	30.8	11.9	37.7	7.8	45.0	43.6
	95 女	121	9.9	52.9	36.3	23.1	0.0	20.7	6.0	37.2	38.0	24.8	30.6
	00 男	287	14.3	20.9	57.2	38.7	5.6	35.6	13.4	37.3	5.9	48.8	49.1
	00 女	104	11.5	58.7	28.9	15.4	1.0	27.7	13.7	34.6	46.2	19.2	42.2

*網がけはもっとも割合大きいもの

　日本と同じように「現業職」の割合が小さい00年韓国『家電』では，「技能職」（男性：9.6%，女性：53.3%）「事務職」（同8.5%，同22.2%）「技術職」（同39.9%，同1.8%）の構成が日本とはかなり異なっているが，これは85年調査の日本の構成比率と類似している．

　『通信』では『家電』よりもさらに間接部門の比重が高く，00年には男性の57.2%（うちエンジニアが38.7%）が「技術職」であった．この値は85年の56.0%から大きな変化はみられず，女性「技術職」も，85年の31.4%から00年の28.9%（うちエンジニア15.4%）へとほぼ同レベルを維持している．男女とも「現業職」が減少し，その割合は「事務職」へとシフトしている．00年の結果では，男性の6割弱が「技術職」，女性の6割弱が（58.7%）が「事務職」で，男性＝技術職，女性＝事務職という分離構造は，3回の調査を通じて変化

がみられない．

「現業職」が0％である00年フィンランドでも，日本と同じように「事務職」（男性：7.8％，女性：59.5％）と「技術職」（同57.9％，同28.5％）のあいだの分離傾向が確認される．

3-4 学歴構成

間接部門の拡大による職種構成の変化は，従業員の高学歴化に関連してくる．すべての調査対象国で，男性の方が女性よりも高学歴な傾向がみられた．ここでは日本の学歴構成を確認しておこう．

表6-2にみられるように，日本の『家電』女性は，「高卒者」が増加し（85年55.7％→95年77.2％→00年77.8％），男性では「大卒・大学院以上」の割合がもっとも大きく，00年には38.8％である（女性では10.0％）．

『通信』では，女性「短卒・高専卒」が，85年の22.9％から00年の46.2％へと倍増している．特に「事務職」でその割合が大きく，85年には「高卒」49.3％，「短大卒」35.8％だったのが，95年の33.4％と59.4％から00年の29.5％と67.2％と変化しており，女性「事務職」の7割弱が「短大卒」で占められている．

同じ「事務職」でも男性「高卒」は36.7％，「大卒・大学院卒」は41.7％（女性では3.3％）と，男女でまったく異なった構成になっている（00年）．

さきに日本の女性の働き方が「若年・未婚型」から「中高年・既婚型」へと変化していることを指摘したが，『通信』の「事務職」の場合は，「若年・未婚型」のまま「高卒」から「短卒」中心へと変化したことになる．

4. 職務分離の実態

上述のサンプルの特徴をふまえて，次に仕事内容を検討してみよう．本章では，特に職域の違いと責任・権限の有無に注目していく．

4-1 職務分離

女性と男性の職種分布の不一致の程度を示す指数に，ダンカン指数[9]がある．表6-3は，各国のダンカン指数を業種別にまとめたものである．男女の職種分布が完全に一致する場合，ダンカン指数は0となり，完全に分離している場合は100となる．この指数は，男女の職種分布が一致するためには，男性ないし女性の何%が職種を変えればよいかという値を示すものである．

今回は調査対象工場の全従業員からでなく，調査サンプルから指数を算出しているため，各国の調査状況によりばらつきがみられるが，本調査における職務分離理解の一つの基準として用いることとする．特に，調査対象に非組合員の管理職が含まれないため，現状よりも指数は小さくなっていることが推察される．

日本の指数は，『家電』では，85年48.2%，95年41.0%，00年32.8%と微減しているが，『通信』では35.2%，37.5%，37.7%とほぼ同レベルを維持している．これは，先述の職種構成の変化を反映しているもの思われる．『家電』では，15.4ポイント分離が小さくなったが，『通信』ではこの15年間で大きな変化はみられない．

分離がもっとも小さいのが中国である．スロバキア『家電』（00年：71.4

表6-3 ダンカン指数による職域分離の実態

		日本	韓国	中国	イタリア	フィンランド	エストニア	ポーランド	チェコ	スロバキア	ハンガリー	スロベニア
家電	85	48.2	—	—	36.4	—	—	22.7	—	—	21.4	32.9
	95	41.0	39.9	11.9	21.4	56.5	—	24.2	36.1	24.1	24.7	47.6
	00	32.8	63.9	21.9	67.1	50.5	—	18.6	26.6	71.4	29.6	30.2
通信	85	35.2	—	—	51.2	—	—	20.9	—	—	27.4	43.9
	95	37.5	—	7.7	53.5	—	—	—	20.0	26.8	—	59.3
	00	37.7	—	15.6	—	56.6	38.4	57.1	—	—	—	23.2

第6章 職場におけるジェンダー問題　99

表6-4　一人当りの職務数と女性化指数　(00年)

	現業職		事務職		技術職	
	女性化指数	職務数	女性化指数	職務数	女性化指数	職務数
日　本	0.67	2.62	0.77	1.93	1.00	2.68
韓　国	0.68	1.57	0.91	1.98	—	3.30
中　国	0.95	1.37	—	1.14	1.19	1.26
イタリア	0.84	1.32	—	2.08	1.08	1.75
フィンランド	0.63	2.24	0.91	2.46	0.86	3.51
エストニア	1.18	1.73	—	2.00	0.66	3.14
ポーランド	0.85	1.12	0.79	1.29	0.89	1.84
チェコ	0.59	1.92	1.02	2.02	—	3.19
スロバキア	0.99	1.33	—	1.64	0.72	2.58
ハンガリー	0.68	1.47	—	1.27	—	2.49
スロベニア	0.63	1.60	—	2.15	—	2.46

サンプル数10以下の場合は除外．

％）とポーランド『通信』（00年：57.1％）では分離が大きいものの，中国同様，旧社会主義国の東欧諸国では，指数が小さい傾向がみられる．

　フィンランドでは，男性で1割台の現業職が女性では7割であるため，5割台と指数が大きくなっている．韓国でも同様に，女性は現業職，男性は技術職に分離していることを反映した値（00年：63.9％）となっている．

4-2　職域拡大と性別分離

　次いで職種別に日常の仕事内容をみてみよう．ここでは，特に『家電』に着目する．
　調査票の中で10の仕事内容[10]を列挙し，それぞれについて「している」か「していない」かを質問しているが，その回答累計から一人当りの職務数を概算し，さらに男女別の回答累計を男性＝100とし女性化指数を算出して，その00年の結果を職種別にまとめると図6-1のようになる．

4-2-1 現業職

「現業職」では，日本（2.62）とフィンランド（2.24）で1人が二つ以上の仕事内容をあげており，職域の広さを示している．最も値が低いのはポーランド（1.12）である．

男性の職務数に対する女性の比率を表す女性化指数では，女性率が最も高い

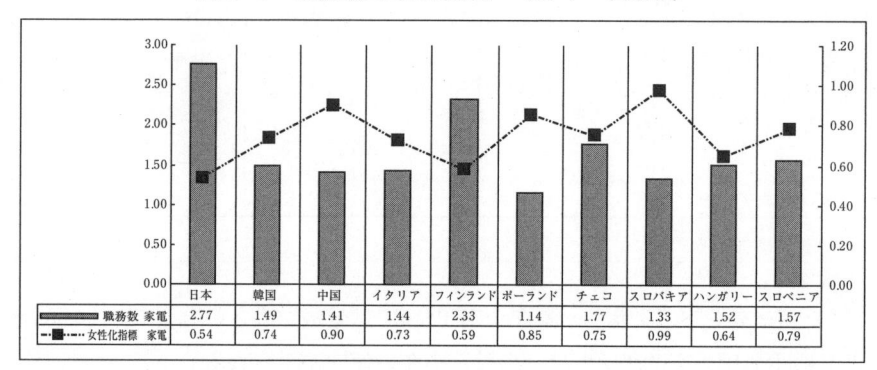

図 6-1　職務数と女性化比率　（00 年：現業職）

	日本	韓国	中国	イタリア	フィンランド	ポーランド	チェコ	スロバキア	ハンガリー	スロベニア
職務数　家電	2.77	1.49	1.41	1.44	2.33	1.14	1.77	1.33	1.52	1.57
女性化指標　家電	0.54	0.74	0.90	0.73	0.59	0.85	0.75	0.99	0.64	0.79

エストニア（87.0％）で女性の職域の方が広いが（1.18），それ以外の国では女性の職域のほうが狭いことがうかがわれる．

ここで『家電』に関して「現業職」を検討してみる．

00年『家電』の結果を示したのが図6-1である．日本は調査対象国の中で最も職域が広く1人につき2.77，ついでフィンランド（2.33），チェコ（1.77）となっている．だが，女性化指数は，日本では0.54と，男性に比べ職域がかなり狭いことが示されている．多能化の進んでいるフィンランドでも同様な傾向を示しており，むしろ中国（1.41，0.90），ポーランド（1.14，0.85），スロバキア（1.33，0.99）といった多能化の進んでいない国々の方が男女格差は小さい．

これらの結果から，「現業職」の職域が広い国々では，必ずしも女性の職域も拡大しているわけではなく，むしろ男女の分離をより強化する方向にあることが推察される．

4-2-2 事務職・技術職

「事務職」と「技術職」は,「現業職」よりも職域が拡大傾向にある.日本では「事務職」の職務数は 1.87,女性化指数は 0.77 である(表6-4).一方,「技術職」は職域の拡大が最も進んでいる職種である.韓国,フィンランド,エストニア,チェコでは 3 つ以上の仕事内容があげられており,日本でも 1 人当りの仕事数は 2.68,女性指数は 1.00 と,男女に差のないことを示している.

しかし,「技術職」を「テクニシャン」(2.76,0.89)と「エンジニア」(2.67,1.08)に分けるとかなりの差がみられ,「エンジニア」ではむしろ女性の職域の方が広い.「高卒」と「短卒・高専卒」を中心とする「テクニシャン」と大卒を中心とする「エンジニア」では,後述するように仕事内容も大きく異なっている.

4-3 仕事内容

ここまで職域の拡大は男女の分離を強化する傾向にあることをみてきたが,では実際にどのような仕事内容が変化しているのかを,職種別にみていこう.

4-3-1 現業職

「管理・監督」に従事しているかどうかは,判断責任や専門知識・技能を必要とする仕事が,性によって不平等に配置される垂直的分離の一つの指標として重要である.これは 10 の仕事内容のなかでは,00 年調査で男女差が最も大きかったものである.

「現業職」では,日本男性が調査国のなかではもっとも高い割合を示しており(95 年 33.3%,00 年 32.4%),ついで 00 年フィンランドの 25% となっている.一方,女性の場合は,韓国(00 年)を除き,いずれの国でも従事している女性は 1 割にも満たない(表6-5).

日本の女性「現業職」は 1 人につき 2.09 の仕事内容をあげているのだが,「管理・監督」への職域の拡大はみられない.これは日本のように職域が拡大しているフィンランドでも同様の傾向が指摘できる.

表6-5 「管理・監督」に従事する割合（％）

	技能職				事務職				技術職			
	95男	95女	00男	00女	95男	95女	00男	00女	95男	95女	00男	00女
日本	33.3	4.0	32.4	7.0	16.8	4.1	36.2	11.4	21.8	7.0	19.0	18.0
韓国	2.0	1.5	4.3	13.2	—	—	10.6	7.5	9.0	13.1	31.4	0.0
中国	2.2	1.9	3.9	2.2	—	—	42.9	14.3	5.7	3.7	0.0	4.7
イタリア	1.0	4.5	15.9	0.0	14.6	4.0	50.0	14.3	—	25.3	33.7	18.2
フィンランド	4.0	1.3	25.0	6.6	—	5.0	9.1	5.7	64.6	30.0	28.9	23.5
エストニア	—	—	0.0	2.7	—	—	0.0	10.5	—	—	30.4	0.0
ポーランド	1.0	0.0	8.3	0.0	7.14	4.0	18.8	5.3	8.8	0.0	31.2	18.4
チェコ	3.5	0.0	1.2	0.0	—	4.9	28.6	2.2	31.4	15.4	29.7	14.3
スロバキア	3.5	0.7	7.4	1.8	0.0	7.8	50.0	4.3	17.9	11.5	16.7	16.7
ハンガリー	1.0	0.0	7.1	2.3	0.0	0.0	0.0	5.9	—	4.3	28.2	16.7
スロベニア	13.3	1.2	15.2	4.8	6.7	1.5	33.3	23.8	3.9	5.7	33.7	15.8

サンプル数10以下は除く

　では，他の仕事内容はどうだろうか．日本の仕事内容を職種別に時系列にまとめた表6-6からみてみよう．

　より熟練を要する「保全・修理」は，日本では他国に比べ女性の従事する割合が高く，また増えてもいるのだが，男女格差もまた大きいのが特徴的である（95年：男性現業職58.9％，女性28.0％，00年：男性52.3％，女性32.6％）．

　つまり，より管理能力や判断能力，専門知識を必要とする仕事内容である「管理・監督」と「保全・修理」でもっとも男女格差が大きく，さらに職域が拡大するにともなってその格差も拡大していることになる．

　85年・95年調査結果の分析[11]では，全調査サンプルから「保全・検査」は男性職，「品質管理や検査」は女性職に分類され，性別分離構造が明らかにされている．日本の場合，95年調査では「品質管理」は，女性が「機械の操作や組み立て」に次いで2番目に多くあげている仕事内容ではあるが，むしろ男性の方がその割合は高くなっている（00年：男性55.9％，女性44.8％）．多能化の進んでいるフィンランドでも日本と同様で，男女の比率が逆転している（男性79.2％，女性51.6％）．「品質管理」は，11ヵ国中7ヵ国で男性の比率の方が高く，00年段階では，女性職に分類できる仕事内容ではなくなっている．

表6-6 仕事内容

			機械の操作や組み立て	保守や修理	品質管理や検査	営業・販売・サービス	プログラミングやソフトウェア	事務やデータ処理	管理・監督	研究開発	製品に関する研究開発	製造工程に関する研究開発	その他	回答累計
現業職	85	M	41.9	7.7	10.9	26.3	0.1	0.1	1.3	0.2	0.1	0.2	88.9
		F	40.2	0.9	18.8	21.4	0.9	17.0	0.0	0.0	0.0	0.9	100.0
	95	M	62.0	58.9	58.1	0.0	13.2	26.4	33.3	2.3	10.9	6.2	271.3
		F	50.0	28.0	38.8	0.0	0.0	20.0	4.1	0.0	0.0	22.0	162.8
	00	M	54.9	53.9	55.9	4.9	18.6	33.3	32.4	14.7	19.6	26.5	314.7
		F	46.5	32.6	48.8	2.3	11.6	25.6	7.0	9.3	9.3	16.3	209.3
事務職	85	M	1.3	1.6	3.5	2.9	12.2	54.0	2.3	1.6	0.6	5.5	85.5
		F	2.4	0.6	2.4	0.0	4.3	78.7	0.0	0.0	0.0	1.8	90.2
	95	M	2.5	10.1	14.3	15.1	19.3	79.0	16.8	12.6	5.0	13.4	188.1
		F	1.0	4.1	7.3	0.0	6.2	97.9	4.1	0.0	0.0	6.2	126.9
	00	M	5.1	9.4	13.0	21.7	11.6	73.9	36.2	9.4	2.2	29.0	211.6
		F	4.5	2.3	8.0	10.2	5.7	94.3	11.4	2.3	1.1	23.9	163.6
技術職テクニシャン	85	M	7.4	5.9	9.7	1.3	20.8	2.2	1.1	36.5	8.4	1.1	94.3
		F	9.5	0.0	10.8	4.8	45.9	10.8	0.0	8.1	4.1	1.4	95.5
	95	M	12.2	27.1	31.6	9.0	45.1	38.3	36.1	42.9	21.8	5.3	269.3
		F	18.5	25.9	37.0	0.0	33.3	51.9	0.0	37.0	7.4	0.0	211.1
	00	M	24.3	29.0	36.4	2.8	30.8	42.1	26.2	44.9	23.4	31.8	291.6
		F	10.7	10.7	32.1	3.6	42.9	64.3	10.7	32.1	10.7	42.9	260.7
エンジニア	95	M	9.2	18.5	16.2	4.1	49.1	40.2	14.8	75.6	15.9	3.7	247.3
		F	13.3	10.0	13.3	3.3	63.3	23.3	13.3	53.3	3.3	13.3	210.0
	00	M	14.2	13.8	13.8	5.8	49.3	32.3	15.6	74.2	16.1	22.7	257.8
		F	4.5	18.2	9.1	4.5	90.9	31.8	27.3	68.2	4.5	18.2	277.3

85年調査の質問内容は「その他の生産労働」
85年調査は，10の仕事内容から1つだけ回答する形式．
下線は，男女格差が10〜19%，網がけは20%以上．

4-3-2 事務職

職務の女性比率は，「現業職」でよりも「事務職」「技術職」の方が分離は小さいことは先に指摘したが，仕事内容を詳しくみると，これらの職種でも男女

の配置の違いが浮き上がってくる．

まず 00 年「管理・監督」では，女性 11.4％ であるのに対して男性 36.2％ で，その差は 25 ポイントと，95 年の 12.7 ポイントよりもさらに大きくなっている．さらに，学歴と勤続年数別にみてみると，勤続 5 − 9 年「高卒」では，男性が 55.6％ なのに対して女性 6.3％ と大きな差がみられる．

85 年調査時点から女性の方が多くあげている仕事内容の「事務やデータ処理」は，00 年女性は 94.3％ なのに対して，男性では 73.9％ と 20.4 ポイントの差がみられる．

近年「事務職」も「販売・営業・サービス」に従事する傾向がみられるようになっているが，女性 10.2％ に対して男性 21.7％ と，約 10 ポイントの差があり，男性が配置される場合が多いと推察される．

4-3-3 技術職

「技術職」では，高卒，短大・高専卒中心の「テクニシャン」と大卒「エンジニア」とでは職務数と女性化指数に違いがあることはすでに述べたが，以下にみていくように仕事内容にも大きな違いがある．

まず「テクニシャン」では，「管理・監督」には 16 ポイントの男女差が見られる（男性 26.2％，女性 10.7％）．00 年の結果をみると，女性では「事務やデータ処理」（64.3％），「プログラミングやソフトウエア」（42.9％），「その他」（42.9％）があげられているが，男性では「製品に関する研究開発」（44.9％，女性は 32.1％），次いで「事務やデータ処理」（42.1％）が多くなっている．「品質管理・検査」「営業・販売・サービス」以外すべての職種で，10％ 以上の格差がみられ，95 年よりも職域は拡大しているが，男女の格差も広がったことがわかる．

「エンジニア」では，女性の 90.9％ が「プログラミングやソフトウエア」に従事している一方で，男性で一番多くあげられているのが「製品に関する研究開発」74.2％（女性では 68.2％）で，次いで「プログラミング」（男性 49.3％，女性 90.9％），「製造工程に関する研究開発」（男性 16.1％，女性 4.5％）の順となっている．

すでに述べたように,「エンジニア」の女性化指数は1.08と, 女性の方が男性よりも職域が広いのだが, 女性の9割が従事し, 男女格差のもっとも大きい「プログラミングとソフトウエア」を除いた9の仕事内容で算出すると, 指数は0.89となり, 男性の職域の方が広くなる.

また「エンジニア」では, 女性の方が「管理・監督」の割合が大きいが（男性15.6%, 女性27.2%）, これは男性の研究開発に従事している割合が高いことに関連していると思われる.

4-4 職域拡大と性別職務分離の強化

仕事内容に関する日本のデータを検証してきたが, 他国のデータを職種別に検討すると, 職務の女性化指数が示したように職域の男女格差は存在するものの, 日本の「事務職」の「事務やデーや処理」や,「エンジニア」の「プログラミングやソフトウエア」のように, 男女間に20%以上の格差があるケースは見受けられなかった. 学歴や年功を考慮しても, 日本では, 同一職種内での職務分離が大きいことが指摘できる.

職域の拡大は, 男性には管理能力や専門的知識を必要とする職務を付与しているが, その一方で, 女性の場合は, 男性と同じような職域の拡大はみられないため, 男女間の分離はより広がる傾向にある.

職種構成自体も,『家電』では, 女性「技術職」が増加しているものの, 高卒・短卒の「テクニシャン」にとどまっており, 大卒「エンジニア」は, 男性では職種構成の4割弱なのに対し, 女性ではまだ1割にも満たないというのが現状である. また『通信』では, 男性＝技術職, 女性＝事務職という分離構造が存在し, 女性「事務職」は未婚・短卒が多くを占めている.

3回の調査を通じて, 男女の職種構成にみられた変化を要約するならば, 分離が維持あるいは拡大する方向にあり, さらに職務の配置を検討すると, より責任や熟練を有する仕事内容に従事する割合は男性の方が大きく, 同一職種内での職務の分離がさらに大きくなっていることが指摘される.

5. 賃金格差

次に，男女の賃金の実態をみてみよう．

00年の各国の月収（5レベル[12]）の平均値から，男性＝100として女性の賃金を指数化したものを職種別にまとめたのが図6-2である．

日本の女性「事務職」の賃金は男性の46％，「現業職」で54％，「技術職」で66％と，調査対象国のなかでもっとも男女格差が大きくなっている．「賃金構造基本統計調査」によると，常用労働者（パートタイムを含む）の2000年の賃金が男性100に対して女性63.5であったことを考慮すると，この調査結果では，特に「事務職」と「技術職」で，同一職種内に大きな賃金格差があることを示している．

これまで男女の賃金格差の要因をめぐる議論では，格差を発生させる要因は，労働者の「諸属性の差異」と，男女間での「差別要因」の2つに分けて分析されてきた[13]．後者の「差別要因」は，統計的差別論や混雑仮説などマクロレベルを視野に入れたものである．本章では特に前者の「諸属性の差異」に注目する．属性としては年齢，勤続年数，学歴，企業規模などが想定されるが，厚生労働省「男女間の賃金格差問題に関する研究会」（2002年）の報告では，最も影響が大きいのが職階（部長・課長・係長などの役職）の差で，次いで勤続年数があげられている[14]．

残念ながら，本調査では職階を質問していないので，性，学歴，勤続の3要因に絞って分散分析を行い，国別・職種別にジェンダーがどれくらい同一職種内での賃金格差に説明力を持つのかを検討してみる．表6-7は，その結果を示したものである．

日本の全サンプルをまとめて分析すると，たしかに勤続が最も大きな影響を与えているのだが，この表にみるように，「事務職」と「エンジニア」では労働者の性別の影響が大きいことがうかがわれる．これは，より専門性の高い「技術職」では同一職種内の賃金格差への性別のもたらす影響がほとんどみられな

第6章 職場におけるジェンダー問題

図 6-2 00 年の女性賃金 （男性 = 100）

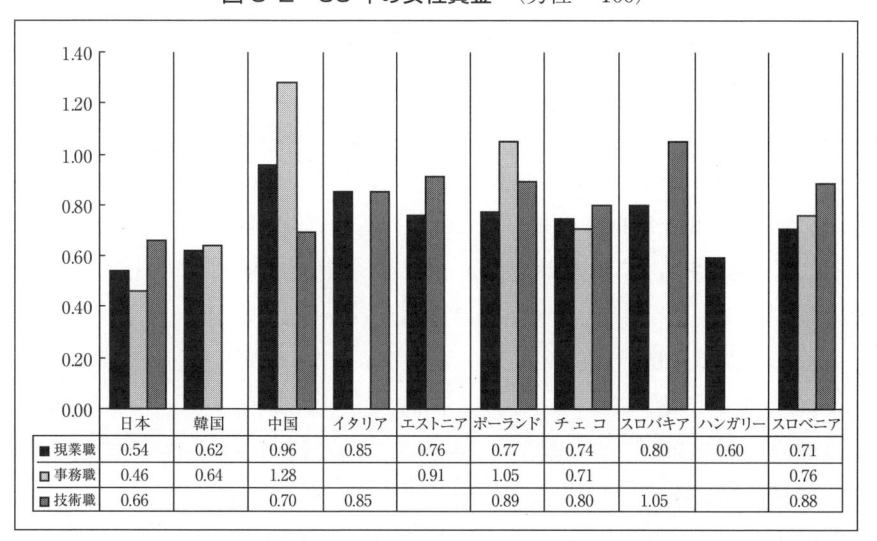

	日本	韓国	中国	イタリア	エストニア	ポーランド	チェコ	スロバキア	ハンガリー	スロベニア
■現業職	0.54	0.62	0.96	0.85	0.76	0.77	0.74	0.80	0.60	0.71
■事務職	0.46	0.64	1.28		0.91	1.05	0.71			0.76
■技術職	0.66		0.70	0.85		0.89	0.80	1.05		0.88

表 6-7 00 年賃金の分散分析結果 （F 値）

		性	学歴	勤続	R^2			性	学歴	勤続	R^2
日本	現業職	4.93*	5.10**	3.82*	.559	ポーランド	現業職	2.89	1.3	0.847	.265
	事務職	30.23**	4.26**	4.70**	.692		事務職	.010	2.38	1.1	.223
	テクニシャン	43.26**	1.26	5.59**	.574		技術職	1.4	1.98	1.79	.407
	エンジニア	4.20*	3.39	12.15**	.442	チェコ	現業職	21.59**	0.123	1.7	.465
韓国	現業職	51.63**	—	1.52	.471		事務職	4.97*	5.65**	1.33	.641
	事務職	21.16**	0.784	0.609	.475		技術職	9.62**	3.96	1.5	.604
	技術職	0.22	5.22*	6.96**	.428	スロバキア	現業職	10.28**	1.23	0.462	.404
中国	現業職	0.00	4.67**	3.41**	.392		技術職	1.09	0.285	0.739	.440
	事務職	5.31	8.41*	0.725	.907	ハンガリー	現業職	43.23**	8.72**	10.37**	.604
	技術職	1.29	1.65	1.27	.316		事務職	0.57	5.64**	1.91	.654
イタリア	現業職	4.40*	2.07	0.744	.590		技術職	0.23	9.41**	3.48**	.834
	技術職	0.418	5.95**	8.87**	.605	スロベニア	現業職	5.74*	2.52	0.979	.76
エストニア	現業職	17.86**	0.612	4.21**	.182		事務職	1.79	0.722	2.1	.493
	事務職	0	0.432	0.932	.348		技術職	0.369	15.25**	1.36	.547
	技術職	0.267	0.253		.478						

* $p < .005$, ** $p < .001$

い他の大多数の国とまったく対照的な結果であり,日本における性別の職務分離の実態を明示する結果となっている[15]。

日本の場合,月収は時間外手当も含めて聞いているので,超過労働時間を考慮する必要がある.調査国のなかでは日本の超過労働時間は長く,かつ男女格差が大きい.ひと月の平均超過労働時間は,男性31.1時間なのに対し,女性は9.9時間で,21.1時間もの差がみられる.超過労働時間がもっとも長いのは韓国で,男女差は11.7時間(男性40.4時間,女性28.7時間)である.それ以外の国では,残業時間自体が短く3時間以上の格差はない.

男女の時間差を職種別にみると,「現業職」で8.4時間(男性23.0時間,女性14.6時間),「事務職」14.5時間(27.7時間,13.2時間),「テクニシャン」15.9時間(31.6時間,15.7時間),「エンジニア」8.2時間(34.1時間,25.9時間)と,特に「事務職」と「テクニシャン」での格差が大きい.

先述の『21世紀調査』では,女性の場合のみ,残業時間の長い人ほど社内資格が高いという相関があり,男性のように長時間残業できる女性が昇格していくことが指摘されている[16]ので,これが実質的な時間外手当のほかに,個々人の職階にも影響を与えており,それが賃金に反映されていることも考えられる.

6. 結び —— 分離から統合へ向けて ——

「雇用機会均等法」(1986年)と「育児休業法」(1992年)の施行,均等法の改正,育児休業法の改正による介護休業の法制化,労働基準法改正による深夜業,時間外労働規制の撤廃(ともに1999年)と,この20年間で男女を取り巻く環境は大きく変化している.本調査は,これらの法規の施行・改正の時期から,85年調査を「①均等法以前」,95年調査を「②均等法以後」,00年調査を「③改正均等法以後」に位置づけることができる.

この25年間に,電機産業の女性労働者の職業意識は,「結婚資金のため」から「働くことがあたりまえ」へと変化し,理想のライフコースも「結婚・出産

退職型」から「継続型」と「中断型」へと二分化している．仕事の継続意識が高まり，職場の能力主義的待遇を容認する態度も増えている．しかし，仕事へのやりがい感や継続意識が高い「現業職」「技術職」とそれが低い「事務職」とに分極化する傾向が指摘されている[17]．

　本章では，サンプルの特徴を概観し，次いで職務分離の構造的特徴を検討してきたが，生産システムがより知識集約的，あるいは装置集約的なものへと変容し，職域は拡大しているものの，こうした傾向は，かならずしも女性の職域の拡大へは結びついておらず，多能工化は，より専門的知識や技能的資格や管理能力を必要とする職務の男性への偏った配置をともなって進行しており，むしろ男女間の垂直的分離は拡大されていることが確認された．フィンランドなど職域が拡大している国でも日本と同様な傾向がみられた．

　また，調査対象国の中では，日本の男女賃金格差が最も大きく，ジェンダーが格差の大きな要因になっており，特に専門性の高い技術職での男女の賃金格差は，日本にみられる特徴であった．

　男女の職務・職域が，分離から統合へと向かうには，いくつかの段階を想定することができる．まずは①男性中心の職場から，②男性は基幹的，女性は補助業務に従事する男女分業型へ，次いで③女性の高学歴化や職業継続志向の向上，あるいは専門的業務への女性の参入によって，女性労働力がより活用されるようになるものの，なお女性が補助的役割を演じる分業型へ，そして最後に④男女平等型へと達し，この段階では男女の差異は問題とならない．本章で試みた職務・職域分離の検証の結果から，現在は，②段階から③段階への移行期にあることが推察される．

　だが，今後どのように展開してゆくのかを考えるには，もうすこし複眼的な検討が必要である．日本の場合は，③段階においてコース別人事が一般化し，女性の内部に多様性が制度的に生じている．前述の厚生労働省の調査でも，コース別人雇用管理制度を導入している企業の方が，導入していない企業よりも男女間賃金格差が大きいことが指摘されている．

　また，本調査はフルタイムの従業員を対象としているが，パートや派遣，臨

時労働者など，より弾力的な雇用形態の活用が増加するなかで，こうした労働者を含めた職場レベルの職域分離の検討がより必要となってくるであろう．

（小寺京子）

注）
1) ILO, *Global employment Trends for Women*, ILO, 2004.
2) 木本喜美子『女性労働とマネジメント』勁草書房, 2003 年.
3) たとえば Anker, R., *Gender and Jobs: Sex Segregation of occupation in the World*, ILO, 1998.
4) Reskin and Roos,, *Job Queues Gender Queues*, Temple University Press, 1990.
5) V. Beechey, 高島道枝・安川悦子訳『現代フェミニズムと労働』中央大学出版部. 1993 年.
6) 堀春彦「日本の職域分離の現状と男女間賃金格差」『男性職場への女性労働者の進出に関する研究』（調査研究報告書128 号）日本労働研究機構, 2003 年.
7) 脇坂明・電機総合研究所センター編『働く女性の21 世紀』第一書林, 2002 年.
8) 詳細な国際比較に関しては，Rella and Kodera (, "Men and Women : Differentiation and Discrimination", in Ishikawa, Martin, Morawski and Rus (eds.), *Workers, Firms and Unions Part 2*, Peter Lang, 2002, pp.169-195, Rella and Kodera "Gender Inequality at work"（Forthcoming）を参照.
9) ダンカン指数は，$Si_t = 1/2 \Sigma i \mid Mi_t - Fi_t \mid$ から求められる．Mi_t は t 時点における男性就業者にしめる i 業種の割合を，Fi_t は t 時点における i 職種女性就業の割合を示す．
10) 仕事内容は表6-6 参照のこと．
11) Rella and Kodera, Ob cit. 2000.
12) ポーランドでは，6 レベルが設定されているが，レベル 1 とレベル 2 を合計し，5 レベルにして算出した．
13) Oaxaca 'Male-Female Wage Differentials in Urban Labor Market' in *International Economic Review* 14, : pp. 693-709. 1973.
14) 厚生労働省『男女間の賃金格差問題に関する研究会報告』2002 年.
15) 「テクニシャン」と「エンジニア」を合計した「技術職」でも，性のF値は 23.5, p.<.001 である．
16) 富田安信「男女差を感じさせない職場とは」脇坂明・電機連合総合研究センター（編）前掲書, pp.19-53.
17) 加瀬谷まゆみ「電機女性調査25 年－職業意識の変化」脇坂明・電機総研（編），前掲書, pp.135-154.

第Ⅲ部
上司・組合・労働者

第7章 職場における上司の機能

1. はじめに

　いい上司の下で働けるかどうかは，働く者にとって大きな関心事である．事実，いい上司に恵まれると気持ちよく働けるし，やる気も出てくる．そうなると労働時間など気にせずに仕事をこなそうと，サービス残業をしてでもついつい頑張ってしまう．逆に，上司がいやな人物だと，与えられた仕事しかしたくなくなるし，職場も面白くなくなる．こんな経験はたいていの人が持っているのではないだろうか．

　では「いい上司」とはどんな上司なのか．その判断基準は国によって違うのだろうか．外資系企業で働くものが多くなった現在，しかも外国に現地法人を持ってそこで現地従業員を雇用する企業も多くなっている現在，その基準を探るのは意味があるだろう．

　この章ではその点を追究したいのだが，そうするだけの資料が必ずしも揃っていない．そのためここでは電機連合国際調査で得られたデータだけからいえることを引き出して，職場における上司の機能の国際比較を試みることにしておきたい．

2. 課題と方法

　ところでひとくちに「上司」といっても，いろいろな地位の人がいる．現場作業員からすれば職長や係長が上司であり，その上司からすれば所属する課の課長が上司になろう．また，事務系の管理者や監督者もいれば営業系のそれもいる．技術者の上にもその上司がいる．ここではそれらをひっくるめて「上司」として扱う．というのは，ここでの関心は管理者や監督者の客観的な職務や職能の分析にあるのではなく，従業員が一般に自分を直接監督する立場にある人物をどうみているか，という点にあるからだ．つまり，従業員が職場という生活世界の中で抱いている「上司」像が，ここでの関心の的に据えられる．

　電機連合調査の調査票の中に，「直属の上司」またはたんに「上司」に関する設問がいくつかある．回答者の中には現場監督者も若干含まれているので，彼らにとって上司に当たる中間管理者もここでいう上司の中に含まれる．しかしその割合はごくわずかであり，回答者の大多数にとっては現場監督者が上司である．

　現場監督者に関してはこれまでに多くの調査研究がなされてきた．現場監督者は一方では経営機構の末端に位置し，上部から課されるタスクを第一線の現場で達成するために部下を管理監督する任務を与えられているとともに，他方では部下と職場で日常的な関係を保ち，部下のニーズや利害を汲み上げてそれを上部や外部に対して代弁するという，二重の役割を担っている．このような役割を担う監督者はしばしば組織の中の「マージナル・マン」とか「中間人」として特徴づけられ，産業社会学や労使関係研究のテーマにされてきた[1]．本論に入る前にそれらの先行研究における論点を概観しておこう．

　監督者の地位と役割と機能に関する調査研究には2つの流れがある．

　一つは行動科学的研究の流れである．その源流はホーソン実験に端を発する人間関係論にあり，監督者のリーダーシップと職場のモラールや生産性がそこでの主な関心事とされた[2]．このテーマと関連して展開した小集団研究ではさら

に作業効率や職務満足とリーダーシップ様式の関連が追究され，そこから数多くの経験的知見が打ち出された[3]．しかしこの流れは1960年代後半になると退潮をみせ，1970年代には小集団研究に代わって組織研究が活発になったが，そこでは監督者の役割や機能への関心は薄れ，昨今の組織社会学のテキストやリーデイングスをみると，このテーマにはわずかのスペースしか割かれていない[4]．

もう一つの流れは労使関係研究の中にみられる．行動科学的リーダーシップ研究はとかく職場を自己完結的な小宇宙として想定し，その中での監督者の機能に主たる関心を寄せていたため，職場における労使の対抗関係を無視しがちであったが，労使関係をミクロレベルで追究しようとするとき，監督者の機能が鍵となってくる．特に日本の企業ではそうである．日本では監督者は現場から年功的に内部昇進したものが多数をなし，部下からはたんなる命令者としてではなく，職場の「先輩」として技能面でも人格面でも受け入れられ，部下に対してパーソナルな面でも「世話役」であることを期待され，同時に，部下に対してパーソナルな影響力を持つ[5]．このような監督者層が経営側の立場に立つか組合側の立場に立つかで企業内での労使の力関係は大きく変わってくる[6]．しかしこれは日本に限ったことではなく，欧米の産業社会学でも監督者の役割と機能に関して労使関係的視点からのアプローチが提起されてきた[7]．

これら2つの研究の流れから1950年代から1960年代にかけて監督者に関する数多くの知見が生み出されたが，その後1970年代の石油危機をへて，80年代のＭＥ技術革新と1990年代のＩＴ技術革新，そして経営のグローバル化と組織の再編成の下で，監督者の地位と役割と機能にかなりの変化がもたらされたとみられる．この点に関して，監督者の機能と権限は縮小するという議論と，逆に増大しているという議論とが提起された．縮小論の主張は，（1）フォード式作業編成が徹底する中で監督者の権限は技術者と人事部門スタッフにかなり吸い上げられる，（2）イントラネットの普及で現場作業員と関連上級部門が直接コミュニケーションをとれるようになり，監督者の仲介的機能は大幅に縮小される，という論点からなる．他方，増大論の主張は，（1）組織と作業のフレキシビリティを高めるために組織規模が縮小され，組織内での分権化が進み，

現場での監督機能が重要になる，(2)改善運動，QC活動など，作業現場での従業員の直接参加が広がり，コーディネーターとしての監督者の役割が大きくなる，といった論点に基づく．

監督者の機能は一方で技術的，組織的環境の変化によって異なってこよう．また他方では，それぞれの国や地域の職場文化の違いによって多様な特徴を呈するであろう[8]．この2つの点を念頭に置きながら，現在における監督者の機能を国際比較観察と時系列分析の中から描き出してみること，それが本章の課題となる．

本章では，さきに触れたように，部下の眼からみた上司とその機能が検討課題である．電機連合調査で用いられた調査票では「直属の上司」の機能が取り上げられている．それゆえここでは監督者を「直属の上司」と読み替えて分析を進める．具体的には次の3点からこの課題に接近する．

第1は，部下の利害を上司である監督者がどれだけ代表しているか，という点である．職場生活の中で労働者が抱くニーズや利害を代表し実現する媒介者として，労働組合，従業員代表，経営，直属の上司，その他，さまざまなものがあろう．その中で上司は部下からどれだけ頼られているか．われわれが国際比較研究で用いた調査票の中に，「あなた自身の経験に照らして，あなたの意見や要望をいちばん代表しているのはどれですか」という設問があり，選択肢として「経営」「組合」「従業員代表」「直属の上司」「誰もいない」があげられている．このうち「直属の上司」と答えた者を追究していく（**上司依存度**）

第2は，部下は自分の利害関係に照らして「直属の上司」をどれだけ近い存在とみているか，という点である．これは従業員とその上司との間の，利害距離の認知を示す．これはまた，利害関係からみて，部下にとって上司は「俺たち」の側なのか，「奴ら」の側なのか，という点にかかわる．（**利害共通感**）

第3は，労働者は自分の上司にどれだけ満足しているか，という点である．これは上司に対する部下の受容度を示す．これを上司との関係に対する満足度で把握してみる．（**上司満足度**）

以下，これら3点からデータを分析してみる．

3. 上司の利害代表度

職場で労働者の要望や意見を代弁すべき媒介者がさまざまあるなかで，上司がその役割をもっとも大きく担っているとみる者は，いったいどのくらいの比率を占めるか．

もっとも，労働者の要望や意見といってもいろいろな分野に跨っている．ここでは6つの分野をとりあげ，それを次のように2つの事項群にまとめる．

第1群：労働条件，雇用，賃金．これを「労働関連事項」と呼ぶ．
第2群：教育訓練，作業編成・職務設計，配転・異動．これを「作業関連事項」と呼ぶ．

表 7-1 上司を利害代表者とみなす回答者の比率

	労働関連事項			作業関連事項		
	85	95	00	85	95	00
フィンランド	−	34.2	43.0	−	60.2	67.4
スウェーデン	20.0	29.2	−	38.6	59.5	−
ドイツ	21.0	26.0	−	29.1	38.9	−
フランス	27.0	14.6	9.8	−	40.0	29.9
イタリア	15.2	21.3	28.1	23.4	33.1	58.4
アメリカ	−	−	37.1	−	−	40.3
日　本	17.6	40.2	41.2	48.2	65.6	64.3
韓　国	−	18.4	27.1	−	55.5	54.2
台　湾	−	−	39.8	−	−	56.7
中　国	−	51.3	32.2	−	56.5	29.4
チェコ	−	51.5	54.1	−	54.3	59.9
エストニア	−	−	47.6	−	−	64.6
ハンガリー	54.4	40.9	44.6	33.4	45.7	56.9
ポーランド	35.5	22.8	35.2	33.5	34.6	57.8
スロバキア	−	53.5	24.0	−	59.6	50.2
スロベニア	30.6	33.3	45.0	32.0	46.9	61.0
モンドラゴン	−	34.7	21.7	−	57.3	49.9

(1) 表中の比率は，労働関連事項の場合，「作業環境」「仕事の保障」「賃金」のそれぞれにおいて「自分の意見や要望」をいちばん代表しているのが「直属の上司」だと答えた者の比率の平均値．したがってこれら3つの事項で回答者全員が「直属の上司」と答えたとしたら，表中の数値は100.0になる．作業関連事項についても同様．
(2) 00調査の　ドイツのデータは，回答者が少数で統計的観察に堪ええないと目されるので，観察と分析の対象から外す．

さて，この2つの事項群において上司を頼る者の平均比率を国別，時期別に示すと，表7-1のようになる．（もし被質問者が全員これらの事項のすべてにおいて利害実現媒介者として「上司」をあげたら，数値は100.0になる．）

この表の中の数値をみながらデータを分析していく．

3-1　労働関連事項における上司依存度

85年調査では社会主義諸国と資本主義諸国との違いがみとめられた．職場生活で自分の利害やニーズを代表してくれるものとして上司をあげる者の比率は，資本主義国よりも社会主義国のほうが明らかに大きかった．特にそれはハンガリーにおいて顕著である．資本主義国の場合，労働関連事項で労働者の利害を代表するのは労働組合や従業員代表の仕事だとみなされ，それにかかわる問題処理の過程が法制化あるいは慣行化されているため，上司に頼る面がその分小さいといえる．これに対して社会主義国では，上司が現場で労働者のニーズや要望に対して個別に応え，インフォーマルにその問題処理にあたっていた[9]．

社会主義国と資本主義国とのこのような違いは，その後大きく変わった．85年調査と95年調査の結果を比較すると，労働関連事項における労働者の上司への依存は資本主義国では高まり（フランスを例外として），東欧の旧社会主義国では低下した．

社会主義の崩壊と市場経済の導入によって職場環境が激変した東欧諸国では，労働者の多くが頼るべきものを失い，無力化してばらばらな状況へと追い込まれたが[10]，その一方で新しい労使関係メカニズムが企業内で形成され，それが上司のインフォーマルな利害代表機能に代わって作動しだした．1985年－1995年の間に東欧諸国でみられたこのような推移は，やや後れて1995年－2000年の間の中国においてもみてとれる．中国ではこの間に上司への依存が大幅に減った．これに対して東欧諸国の場合，1990年代後半には体制転換後の激動期を経てしだいに安定期に入り，職場関係も秩序を回復して上司の機能は高まりだし，また新しい労使関係メカニズムが作動しはじめ，「頼れるものは誰もいない」という労働者は減ってきた．

上司依存が社会主義崩壊後顕著に低下しその後やや高まりをみせてきた東欧諸国に対して，西欧諸国と日本では別な特徴のトレンドがみられた．フランスが例外となるが，先進資本主義国では上司依存が1980年代中葉には東欧諸国より低かったのに，その後1990年代にかけて高まりをみせ，その趨勢は2000年へと持ち越された．

　先進資本主義諸国のこの傾向は，1980年代，特にその後半から90年代にかけて顕著に進んだ企業組織と作業編成の改革によるところが大きいと考えられる．この間に先進資本主義国の企業は組織のフレキシビリティを高め，分権化を進め，改善運動など職場レベルでの労働者参加を促した．これと関連して末端管理者による職場統合機能が重視され，労働関連事項に関しても組合に代わって上司への依存が高まったとみられる．日本では労働関連事項における上司依存は1980年代には低い水準にあり，労働組合依存が相対的に高かったが，1990年代には組合依存に代わって上司依存が高まり，その上司依存度は東欧諸国を除くと国際的にみてトップクラスに属する．

　なおモンドラゴン（スペイン）の生産者協同組合では，95年調査と00年調査との比較でみるかぎり上司依存は低下している．これはかなり従業員代表機関への依存に代替されたからだとみられる．事実，モンドラゴンのデータでは，従業員代表機関への依存が36.7から65.6へと顕著に増えているからである．労働関連事項における問題処理機能が，インフォーマルな上司によるものから，制度化された従業員代表機関のそれへと吸い上げられてきたと考えられる．

3-2　作業関連事項における上司依存度

　上司は賃金，雇用，労働条件など労働者の利害と直接かかわる事項において，部下の要望やニーズを代表する役割を期待されている一方，経営の利害にかかわる上からの指令を現場で実現する際に，要員の配置や作業の進め方などにおいて部下の意見や意向を汲み上げることも期待されている．

　この点に関して前掲表の作業関連事項をみると，85年調査では上司依存が日本において顕著に高い．それは当時の東欧諸国よりも高い．この時点では

日本は労働条件事項については上司依存が低かったが，作業関連事項では高かった．日本ではこの当時，労働関連事項では労働組合への依存がかなりあって，その分上司への依存度は低かったが，作業関連事項は上司の利害代表機能がかなり大きかったといえる．スウェーデンも日本に近い特徴を示していた．この2つの国での作業関連事項における上司依存が高かったのは，職場の自律性が大きかったことの表れであるとみられる．実際1980年代には，スウェーデンでは自動車産業などで準自律的集団が職場を構成し，日本ではＱＣサークルなど職場小集団活動が展開し，両国は国際的に職場レベルでの労働者参加の代表格とみなされていた．これに対して当時のドイツやイタリアでは，まだ伝統的な集権的組織編成とテーラー主義的職場管理が支配的だったとみられ，作業関連事項における上司依存は高くなかった．

　日本とスウェーデンでは，作業関連事項における上司依存は1990年代中葉においても高水準を示した．他方，ドイツやイタリアでも1980年代後半から1990年代にかけて，組織と作業編成のフレキシビリティ化が目指されて脱テーラー主義が進み，その影響を受けてか上司依存は高まった．概してこの間に先進資本主義諸国の企業では作業関連事項における上司依存は高水準に達し，その傾向は2000年時点にまで引き継がれた．95年調査に初めて加わったフィンランドでも同様の傾向がみとめられる．

　85年調査時点で社会主義国だったハンガリー，ポーランド，スロベニア（ユーゴスラビア）の3ヵ国は，上司依存の度合いの点で日本・スウェーデンとドイツ・イタリアとの中間に位置していた．そしてそれは1990年代中葉，さらに2000年に向けて高まった．95年に調査に加わったチェコでも，2000年にかけて上司依存は高まっている．これら旧社会主義国では市場経済のもとで職場関係も変わり，集権的構造に従属していた職場に一定の権限が下ろされ，作業関連事項における上司の機能が高められたとみられる．ただしポーランドの場合は，1980年代初頭から引き継がれた職場の二重権力状況（共産党系と連帯系）が1980年代末期に崩壊し，職場秩序の回復が遅れたせいか，85年調査と95年調査を比較すると上司依存は落ちており，「頼れるものは誰もいない」とい

う状況が広がり，その一方で上司を飛び越えて経営への直接依存が増えた．しかしそのポーランドでも1990年代後半には上司依存が顕著に高まっている．

このような上司依存の高まりはフランス以外の西欧諸国，東欧諸国，日本と韓国で共通にみとめられるが，中国とフランスとスロバキアがこの点で例外的な存在である．モンドラゴンも同様である．中国の例外性は，この国の国有企業のリストラが1990年代後半になってかなりラデイカルに進められだし，伝統的な上司依存の関係に変化が進んだことで，ある程度説明できよう．またモンドラゴンでは従業員代表の機能の高まりで，一定の説明が可能であろう．フランスとスロバキアは他の点でもデータ上特異な傾向を示しているので，とりあげた事例企業と従業員サンプルの特性に遡って検討してみる必要がありそうだ．

3-3 労働関連事項と作業関連事項との関連

2000年調査をとりあげて，労働関連事項と作業関連事項の双方に関して，上司依存の大きさから調査参加国の順位をつけると，表7-2のようになる．

労働関連事項における上司依存が特に高い国は，いまなおチェコ，エストニア，スロベニア，ハンガリーという旧社会主義国である．これに対してそれが低いのは，フランス，イタリア，韓国という調査時点当時に労働争議が多かった国と，スロバキアおよびモンドラゴンという，労働組合または従業員代表への依存が高く表れている地域である．

作業関連事項に関しては，上司依存が高いのはフィンランド，エストニア，日本，スロベニアである．これに対してそれが低いのは中国，アメリカ，フランス，スロバキアで，これらの国では，要望や意見を代表する者として「誰もいない」という回答，または直接に経営が代表してくれているという回答が多い．

フランスとスロバキアでは労働関連事項でも作業関連事項でも上司依存は低く，これに対して日本，フィンランド，エストニア，スロベニアでは高い．日本では技術革新や組織改革で上司の機能に変化があったとしても，調査参加国の中で上司の代表機能は依然として高い位置にある．

表7-2 上司の利害代表度の国別順位

	労働関連事項	作業関連事項	利害共通感	上司との関係の満足度
日　本	6	3	8	11
フィンランド	5	1	3	2
フランス	15	14	15	12
イタリア	11	6	13	4
アメリカ	8	13	2	1
韓　国	12	10	11	9
台　湾	7	9	4	15
中　国	10	15	12	13
チェコ	1	5	7	5
エストニア	2	2	6	14
ハンガリー	4	8	1	7
ポーランド	9	7	5	6
スロバキア	13	11	14	10
スロベニア	3	4	9	8
モンドラゴン	14	12	10	3

利害距離は小さい順，満足度は大きい順．

　ちなみに，労働関連事項と作業関連事項における上司依存の高さから国別順位の相関をみてみると，順位相関係数（スピアマン）は 0.655 であり，臨界値＜.001 で相関がみとめられる．つまり，この2つの事項の国順には相関があり，労働関連事項で上位にある国ほど作業関連事項でも上位にくるといえる．その中で日本は国際的にみて上司依存が高い国である．

4. 利害共通感と上司満足度

　次に，部下の眼からみた上司との利害距離と，上司との関係に対する部下の満足度について分析する．

　部下は直属の上司に対して，どれだけ利害共通感を抱いているか．その度合いを測るために両者の利害が「一致している」「かなり似ている」「多少異なる面がある」「かなり異なっている」「反している」という5段階の選択肢を設けて回答を得て，その平均点を算出して＜利害共通感＞の物差しとしてみる．そ

してそこで得られた平均点の大きさで国の順位をつけてみると，前掲の表7-2の中央部分に示すような順番になる．これでみると，部下の眼からみて上司との利害共通感が大きい国はハンガリー，アメリカ，フィンランド，台湾，ポーランドであり，日本の位置は第8位で中間的である．反対に，利害共通感が小さい国はフランス，スロバキア（前にもふれたようにこの2つの国のサンプルは他の設問でも特異な回答分布を示すので，取り扱いに注意が必要である），イタリア，中国，韓国である．同じ東アジアの国であっても，韓国や中国の従業員は日本のそれと異なり，利害関係の点で上司を遠い存在と意識している．また，台湾と中国はこの点で対照的である．

では，部下は上司との関係にどれだけ満足しているか．「たいへん満足」「ある程度満足」「どちらともいえない」「あまり満足でない」「たいへん不満だ」という5段階の尺度で得た回答の平均点を求め，その大きさを国ごとに順位づけると，前掲表7-2の右側の欄にみるような結果になる．これによると，満足度が高いのはアメリカ，フィンランド，モンドラゴン，イタリア，チェコ，ポーランドで，逆にそれが低いのは台湾，エストニア，中国，フランス，日本で，日本は従業員の上司満足度が低い国の一つである．

次に，部下が上司に利害関係で近さを感じている度合いと，部下が上司との関係に満足している度合いとの関係をみてみる．先にこの2つの変数のそれぞれについて国の順位を観察したが，その2つの変数の間に相関があるかどうかを探るため，順位相関係数（スピアマン）を算出したところ，0.29という，低い数値が得られた．この数値では相関はみとめられない．つまり，部下が上司と利害の近さをかなり感じている国では，部下は上司との関係に満足している度合いが高い，とはいえないのである．利害共通感と上司満足感とは次元を異にしているようだ．

そこでこの2つの変数を別軸として，各国の位置を描いてみると下のようになる．

上司満足感＼利害共通感	大	中	小
大	フィンランド　アメリカ	モンドラゴン　チェコ	イタリア
中	ハンガリー　ポーランド	スロベニア	韓国　スロバキア
小	台湾	日本　エストニア	フランス　中国

ここにみられるように，フィンランドとアメリカでは利害共通感も上司満足感も高く，これの対極に位置するのはフランスと中国であり，利害共通感は高いのに上司満足感が低いのは台湾，その対極はイタリアである．日本は国際的にみて利害共通感では中程度だが，上司満足感は低い．

ところで，利害共通感と上司満足感は，さきに検討した上司依存度とどんな関係にあるか．この2つの変数と上司依存度との関係を，国を単位とした順位相関係数からみてみる（表7-3を参照）．

表7-3 「上司依存度」と「利害共通感」「上司満足感」の順位相関係数（国順）

	上司依存度	
	労働関連事項	作業関連事項
上司との利害共通感	.66*	.39
上司との関係に対する満足度	.01	.09

* 臨界値＜.001．

作業関連事項における上司依存度は，上司との利害共通感とも，上司に対する満足感とも，有意な相関を示さない．つまり，上司を身近に感じている度合いが高い国ほど，あるいは上司との関係に満足している者が多い国ほど，作業に関する意思反映において上司に頼る者が多い，とはいえないのである．特に上司に対する満足感と上司依存度との国による順位はじつにまちまちである．その関連のなさをもっともよく示しているのはアメリカとエストニアとモンドラゴンである．アメリカとモンドラゴンでは満足感は高いが依存度は低く，エストニアはその逆に，依存度は高いが満足感は低い．

そこでアメリカとモンドラゴンとエストニアを除いて順位相関係数を計算し

なおしてみると，0.52 という高い数値が得られる．この二つの国と一つの地域を除くと，満足感と依存度の国による順位は臨界値 0.05 で相関がみとめられる．

次に労働関連事項をみると，上司依存度は上司満足感とは相関していない．アメリカとエストニアとモンドラゴンを除いて計算しても順位相関係数は 0.09 にしかならず，相関はみとめられない．しかし上司依存度と利害共通感とは有意に相関している．つまり，上司との関係に満足している者が多い国ほど上司への依存度が高いとはいえないが，上司との利害共通感が高い国ほど上司依存度も高いといえる．ちなみに労働関連事項における上司依存度が高く，上司との利害共通感も高い国は，ハンガリーとフィンランドである．その逆はフランス，イタリア，韓国，中国，スロバキアである．日本はこれら2つのグループのほぼ中間に位置する．

なお，労働関連事項を「雇用」「賃金」「労働条件」に分けてそれぞれの上司依存度と利害共通感との関係をみると，国を単位とした順位相関係数は，「雇用」0.58,「賃金」0.47,「労働条件」0.50 で，「雇用」がもっとも大きな数値を示す．上司との利害共通感は「雇用」面での上司依存度ともっとも強く関係している．いいかえると，「雇用」で上司が大きく頼られている国では，従業員は利害関係において上司を「俺たちの側」とみなす傾向がある．「賃金」に関しては，国によっては主として組合など労使関係システムのもとで問題処理がなされているので，この点での利害代表機能はあまり上司に依存していないとみられる．

5. 日本の「上司」の特徴 ——結びに代えて——

部下が上司との関係に満足しているような場合の上司を「いい上司」とみなすとすれば，そのような上司が多いのはアメリカ，フィンランド，モンドラゴンである．その反対が台湾，エストニア，中国，フランス，そして日本である．日本では上司との関係に「たいへん満足」「ある程度満足」という者はあわせ

て45.9%で，アメリカの88.1%，フィンランドの82.1%と比べると格段に低い．

しかし日本の従業員の上司に対する依存度は，国際的にみてかなり高い．上司との関係に必ずしも満足していない者がかなりいるのに，ニーズ実現や意見反映において上司に依存する者が結構いる．これが日本の特徴である．特に作業関連事項においてそれが顕著である．日本の上司は部下からこの点でかなり頼られている．フィンランドでも作業関連事項における上司依存度は高いが，この国の場合は日本と違って上司満足度も高い．

労働関連事項でも同様な特徴をみることができる．日本の場合，1980年代中葉の時点では労働関連事項の処理や解決を労働組合に頼る者が少なくなかったが，1990年代には上司に依存する者が多くなった．それに連動してか，上司との関係について「たいへん満足」と「ある程度満足」の回答比率をみると，85年調査では36.5%，95年調査では49.1%，00年調査では45.9%と，1990年代に行った調査では1980年代の調査よりも増えている．しかし日本のこの比率は国際的にみてまだ低いほうに属している．

組織環境や技術環境などの変化の中で，従業員の上司への依存は大きくなったが，他国との比較でみると，上司との関係がそれに対応して部下を満足させるほどにはなっていないようだ．日本の職場の問題の一端が，この調査結果から窺える．

なお，日本の従業員が上司と利害対立しているかというと，けっしてそうではなく，中国や韓国，フランスやイタリアよりも，利害共通感を持っている従業員が多い．「利害が一致している」「利害はかなり似ている」のどちらかに答えた者をあわせると，日本では66.4%で，その比率が80%強のアメリカやハンガリーよりは低いが，フランス39.7%，イタリア56.4%，中国58.9%よりはかなり高い．日本の上司は部下からみてむしろ「俺たちの側」にいるが，その程度は国際的にみて中位にあり，この国際比較でみるかぎり，日本の職場が部下と上司の利害共同体をなしているとは，必ずしもいえない．

（石川晃弘）

注）
1) Miller, D. C. and Form, W. H., *Industrial Sociology: The Sociology of Work Organizations* (2nd edition), Harper & Row, 1964, pp. 205-222；Hirszowicz, M. *Industrial Sociology: An Introduction*, Basil Blackwell, 1981：邦訳 pp. 134-138
2) 尾高邦雄『産業社会学』ダイヤモンド社，1958年．
3) Cartwright, D. and Zander, A. (eds.), *Group Dynamics: Research and Theory* (3rd edition), Harper and Row, 1968, Part V；三隅二不二『新しいリーダーシップ』ダイヤモンド社，1966年．
4) たとえば Handel, M. J. (ed.), *The Sociology of Organizations; Classic, Contemporary,and Critical Readings*, Sage Publications, 2003.
5) 氏原正治郎『日本労働問題研究』東京大学出版会，1966年．また『国民性の研究第11次全国調査』（研究レポート）統計数理研究所，2004年，によれば1953年から2003年までに行われた9回の調査のどれでも，合理的な上役よりもボス的な上役の方が好まれており，その比率は一貫して80％前後の水準を保っている．
6) 藤田若雄『第二組合』（増補版）日本評論社，1960年．
7) Muller and Form, op cit., Part II；Hirszowicz, op cit.
8) この点に関しては岡本秀昭『工業化と現場監督者』日本労働協会，1966年を参照．
9) 石川晃弘『職場の中の社会主義』青木書店，1983年．
10) Ishikawa, A., "Employment Representation and Alienation in the Transition Economies: The Case of Hungary and Poland", in:Mako, C., Warhurst, C. and Gennard, J. (eds.), *Emerging Human Resource Practices: Development and Debates in the New Europe*, Budapest: Akademia Kiado, 2003.

第8章 職場の組合役員
ーそのプロフィールー

1. 問題の提起と分析の対象

　いま日本の労働組合では,進んで役員を引き受ける人が少なくなっているようだ.

　電機連合が 2004 年に組合役員を対象にして行ったアンケート調査[1]によると,組合が当面している 26 項目の問題のうち,トップにあげられたのは「組合リーダーのなり手の確保」であり,組合が取り組むべき中期的課題としてもこれが他を大きく引き離してトップにあげられている.このことはまた,労働調査協議会が 1995 年と 2001 年に実施した「次代のユニオンリーダー調査」[2]でも確認できる.ここで提起されている問題は,現在,日本の工場・事業所の組合活動を担っている人たちが役員になったのは受動的・消極的な理由からであり,「世のため,人のため」に組合活動に邁進している人は極めて少ない,ということである.

　日本の組合活動の展開にあたって,組合役員の確保とその育成が重要な課題となっている.この実践的課題を前にして,本章では,いま実際に職場で組合活動を担っている組合役員はどのような人たちなのか,またその人たちと一般の組合員とでは組合に対してどんな態度の違いがあるのか,といった点で,他の国との比較を通してまずは実証的知見を探り出してみる.

　比較対象の国としてとりあげるのは,サンプルの中に含まれる組合役員の数が 00 年調査で 30 人以上の日本,台湾,中国,フランス,ポーランド,チェコ,

ハンガリーの7カ国に限定する．ちなみに，これらの国のサンプル中の組合員比率は，調査の対象となった工場・事業所レベルの組合組織の違いを反映して，日本の100％から，チェコやハンガリーの7割弱，台湾や中国の半数強，フランスやポーランドの3割と，国によってかなり差がある．

　ここでは，これら7ヵ国について，現在役員を務めている者（以下「現在役員」と略称），役員経験はない組合員（「経験なし・組合員」と略称），非組合員で役員の経験もない者（「経験なし・非組合員」と略称）の3つのタイプをつくり，組合役員の個人属性，組合役員と一般組合員・非組合員との意識の差（会社観，組合活動評価，組合の取り組み課題）に焦点を当てる．

　現在役員といっても，事業所レベルより下の職場レベルの役員が個々でのサンプルの大半を占める．その比率はフランスやポーランドで6割強，ハンガリーや日本で9割前後である．したがって，ここで対象とするのは，職場で日常業務に従事しながら組合活動を担っている人たちということになる（なお，本調査の対象者のなかには「過去に組合役員を経験したことがある」人も含まれているが，経験した時期やポスト，および組合役員を経験した職場などについての情報がないため，ここでの検討の対象からは外している）[3]．

2. 組合役員の個人属性

　組合役員をしている人たちの個人属性に注目すると，表8-1から次のようなことがわかる．

　① 性別の構成は国による違いが大きい．男性比率の高いのはフランス（88.4％）と台湾（85.3％）で，日本（77.1％）もこれに近い．社会主義を経験した東欧諸国では男女差が小さい．チェコ（60.4％）とポーランド（59.5％）では男性がやや多いが，ハンガリー（49.0％）では男女の構成が相半ばしており，中国（43.8％）ではやや女性の方が多い．これを組合役員の「経験なし・組合員」に比べると，各国とも現在役員の男性比率が「経験なし・組合員」の男性比率を上回

っている．組合役員は職場の性別構成に比べ男性に偏っている傾向がうかがえる．その間の比率の差に注目すると，台湾（＋20ポイント）やチェコ（＋16ポイント）で両者の差が大きく，これにフランス（＋10ポイント），日本，ポーランド，ハンガリー（いずれも6ポイント），中国（＋3ポイント）が続いている．日本は，職場の性別構成との乖離は小さい方である．

② 組合役員の年齢と勤続年数の平均値は，日本と中国ではそれぞれ年齢35歳前後，勤続10年前後である．これに対して台湾，フランス，ポーランド，チェコ，ハンガリーでは，年齢40歳前後，勤続20年前後である．このように，組合役員は職場では年齢が高く，勤続年数も長い人が担う傾向がみられるなか，日本は比較的若手で勤続年数の短い人が中心をなしている．

③ 組合役員の職種からみた日本の特徴は，技術職（46%）や事務職（28%）が多く，現業職（16%）が少ないことである．これは職場全体の職種構成の反映とみられる．日本と対照的なのはハンガリーで，ここでは大半が現業職（71%）によって占められている．残る国のなかでは，中国，フランス，台湾で技術職（35〜42%）が多く，ポーランドとチェコでは現業職と非現業職とで二分されている．また，組合役員と「経験なし・組合員」を対比させてみると，日本の組合役員は組合員全体の職種構成を反映しているのに対して，台湾，中国，フランス，チェコでは技術職に，ポーランドとハンガリーでは現業職に偏っている．

④ 役員の学歴をみておこう．学歴については，各国の学校制度をもとに4段階にグループ化している．日本の最多はⅡレベル（高卒）の48%，次いでⅣレベル（大卒以上）の35%である．他の国の最多グループは，中国ではⅣレベル（72%），台湾，ポーランド，チェコ，ハンガリーではⅢレベル（43〜79%），フランスではⅠレベル（37%）とⅡレベル（33%）で大半を占めている．日本の組合役員の学歴構成は「経験なし・組合員」のそれと似ており，組合員全体の学歴構成を反映している．この点で際立った違いをみせているのは中国で，この国の組合役員は高学齢層によって担われており，「組合員・経験なし」との差が大きい[4]．

以上の分析結果から，日本の組合役員は事業所従業員の性別，職種，学歴の構成を反映しているが，他国と比べると概して年齢が若く勤続が短い人の「担当」となっているといえる．

表8-1　組合役員の個人属性

		N=	男性比率	平均年齢・歳	平均継続年数・歳	現在の職種				学歴			
						現業職	事務職	技能職	管理・監督職	Ⅰレベル	Ⅱレベル	Ⅲレベル	Ⅳレベル
日　本	現在役員	166	77.1	32.8	12.0	16.3	28.3	45.8	6.0	1.8	48.2	7.8	34.9
	経験なし・組合員	558	71.1	35.5	14.1	17.0	26.5	48.9	3.8	3.6	41.8	11.3	38.9
台　湾	現在役員	34	85.3	44.0	21.9	35.3	8.8	35.3	14.7	…	8.8	79.4	11.8
	経験なし・組合員	92	65.2	40.0	16.0	44.6	13.0	23.9	16.3	2.2	8.7	58.7	28.3
	経験なし・非組合員	96	55.2	38.5	15.4	43.8	9.4	24.0	18.7	6.3	12.5	57.3	22.9
中　国	現在役員	32	43.8	36.4	9.5	40.6	6.3	40.7	6.3	…	21.9	6.3	71.9
	経験なし・組合員	199	41.2	33.8	8.3	43.7	4.5	35.7	5.0	10.6	27.6	12.6	49.2
	経験なし・非組合員	148	37.8	33.9	6.9	60.1	4.1	17.6	6.1	11.5	46.6	14.2	27.0
フランス	現在役員	43	88.4	42.2	21.8	48.8	…	41.9	4.6	37.2	32.6	20.9	9.3
	経験なし・組合員	19	78.9	38.8	18.2	57.9	…	26.4	5.3	52.6	36.8	5.3	5.3
	経験なし・非組合員	48	72.9	41.1	19.8	68.8	…	31.3	…	50.0	35.4	8.3	4.2
ポーランド	現在役員	37	59.5	40.6	17.3	48.6	16.2	16.2	10.8	8.1	32.4	56.8	2.7
	経験なし・組合員	121	53.7	42.0	15.5	40.5	23.1	19.1	10.7	8.3	26.4	59.5	5.8
	経験なし・非組合員	363	40.8	38.2	10.6	16.2	43.8	20.4	11.6	2.8	8.5	63.1	24.0
チェコ	現在役員	48	60.4	40.6	20.2	45.8	22.9	23.0	4.2	2.1	39.6	50.0	8.3
	経験なし・組合員	110	44.5	39.7	18.0	57.3	20.9	11.8	8.2	8.2	47.3	40.0	3.6
	経験なし・非組合員	82	52.4	32.8	8.7	68.3	13.4	8.5	7.4	6.1	43.9	37.8	12.2
ハンガリー	現在役員	49	49.0	39.9	20.9	71.4	10.2	12.2	4.1	16.3	36.7	42.9	4.1
	経験なし・組合員	225	43.6	38.8	14.1	70.7	7.1	10.7	6.7	22.7	27.1	38.7	10.7
	経験なし・非組合員	114	50.0	36.3	7.8	67.5	2.6	8.7	10.6	16.7	33.3	32.5	17.5

3. 組合に対する態度

3-1　組合活動に対する評価

労働者は組合活動をどのように評価しているのであろうか．この点に関してわれわれの調査から事業所レベルと産業レベルについて知ることができる．図8-1は，役員，非役員，非組合員の3つのグループについて，5点法（「大いに満足」×5〜「まったく不満」×1）で満足度を計算した結果を図示したものである．

事業所レベルの活動に対する役員の満足度は，台湾（4.0），フランスとチェ

コ（3.9），およびハンガリー（3.8）で高く，これに中国（3.6）が続き，日本（3.3）は最下位である．役員経験のない組合員の場合も，フランス（3.5），ハンガリー（3.4），チェコと台湾（3.3）は高く，中国と日本（ともに3.2）は下位グループに入る．

　産業レベルの組合活動に対する満足度は事業所レベルの結果に比べると，グループ間の差は小さい．現場役員は，フランスとハンガリー（ともに3.4），台湾と中国（ともに3.3），チェコ（3.1），そして日本（2.9）の順であり，役員経験なしの組合員の場合（フランスを除いて）は，ハンガリー（3.2），台湾（3.1），チェコと日本（ともに3.0），中国（2.9）の順である．

　一般的にいって，組合活動に対する満足度は，組合役員は役員経験なしの組合員を上回り，身近な事業所レベルの組合評価は職場からみて遠い産業レベルのそれより高い．ただし，日本の00年調査の結果を他の国と比べると，次のような点が注目される．

　その一つは，役員と非役員経験者との間の満足度の差が小さいことである．また，事業所レベルと産業レベルといった組合の組織レベルの違いによる差も小さい．日本のこのような結果からは，職場の若手が，順番で組合役員を担っている状況が思い浮かぶ．他の国との差は，当該組合のメンバーになることを「選択」し，その上に立って組合役員の仕事を「自覚的」に担っている人たち，いわゆる「活動家」との違いではなかろうか．

　もう一つの点は，日本では他の国々に比べて組合活動についての満足度が低いことである．とりわけ，役員の事業所レベルの組合活動に対する満足度が低い．

　なお，台湾，中国，チェコ，ハンガリーの4ヵ国では，組合役員，役員経験なしの組合員，非組合員とで，組合活動に対する満足度が対比できる．

　結果をみると，台湾と中国では組合員と非組合員との満足度は似ている．しかし，チェコとハンガリーに関しては，役員，役員経験なしの組合員，非組合員の順で事業所レベルの組合活動に抱く満足度をみると，チェコでは3.9→3.3→2.9，ハンガリーでは3.8→3.4→3.0というように，明らかにに下がる．チェコとハンガリーでは，組合活動が非組合員を含めた従業員全体の声を代弁

するというよりは，組合員の声を代弁しているとみられる．

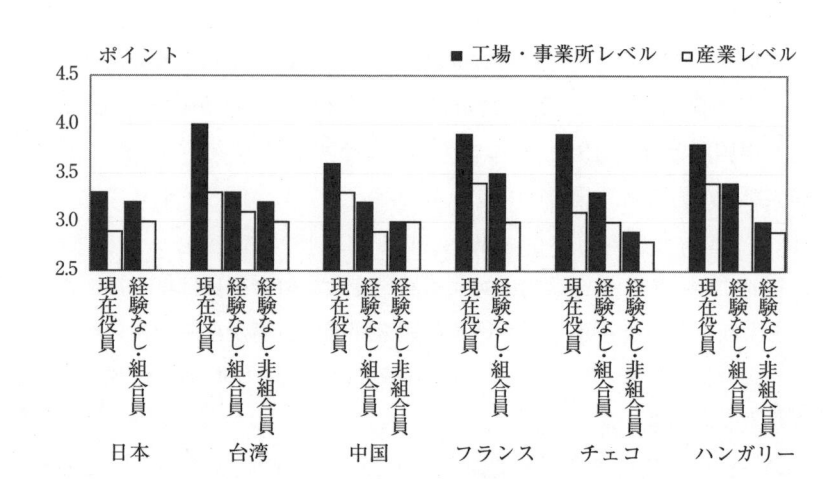

図8-1　組合活動に対する評価

[図：6ヵ国（日本，台湾，中国，フランス，チェコ，ハンガリー）における現在役員・経験なし組合員・経験なし非組合員別の工場・事業所レベルと産業レベルの組合活動評価ポイント（2.5～4.5）を示した棒グラフ]

3-2　組合評価の背景

このような組合活動評価には，組合の運営への意思反映や組合の獲得成果，組合への期待と信頼などが絡まりあって影響しているものと思われる．

このうち事業所レベルの組合活動満足度と組合活動への意思反映との関係を示した図8-2の回帰曲線からは，組合役員も経験なしの組合員も，組合の満足度は組合活動への意思反映とプラスの相関関係にあり，組合活動への満足度は組合活動への意思反映度が上がればそれに応じて高まることがわかる．決定係数（R^2）は，両者の相関の程度が組合役員（35％）よりも役員経験なしの組合員（43％）で大きいことを示している．

国別の結果を組合役員に関してみると，日本の位置は，意思反映の程度でも組合活動の満足度でも6ヵ国中最低である．中国は日本と似ている．台湾は日本や中国と同様，意思反映度が低いグループに入るが，意思反映度の高いフランス，ハンガリーやチェコ並みの組合満足度をみせている．

役員経験なしの組合員でも，日本は中国とともに，意思反映の程度と組合活動の満足度の点で最低のグループを形成している．台湾は意思反映の程度が低いものの日本や中国の組合活動満足度を上回っている．チェコとハンガリーは意思反映の程度，組合活動の満足度とも，高いグループに位置している．

図 8-2　意思反映度からみた組合活動評価

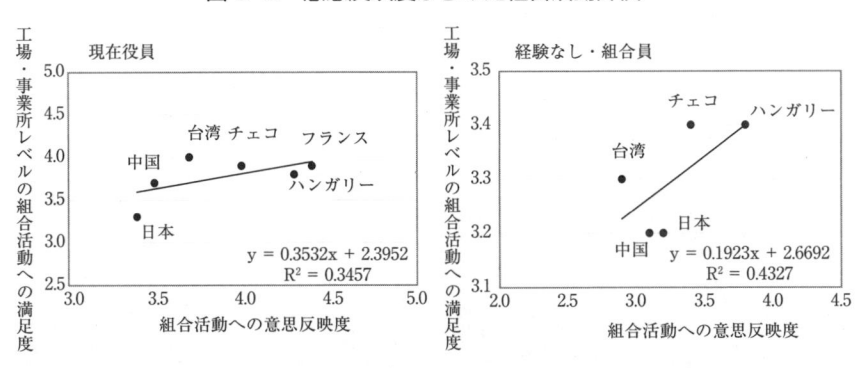

現在役員

工場・事業所レベルの組合活動への満足度

台湾　チェコ
中国　　　　フランス
　　　　　　ハンガリー
日本

y = 0.3532x + 2.3952
R² = 0.3457

組合活動への意思反映度

経験なし・組合員

工場・事業所レベルの組合活動への満足度

チェコ　　ハンガリー
台湾
　　　　日本
中国

y = 0.1923x + 2.6692
R² = 0.4327

組合活動への意思反映度

　組合活動満足度について，組合への期待や信頼との関係を直接測ることはできないが，組合員の組合活動との関わりを示す組合活動への参加との関係をみることはできる．それを示した図8-3からは，興味深い結果が確認できる．それは，組合役員の場合は組合活動への満足と組合活動への参加の程度との回帰曲線がプラスの関係にあるが，役員経験なしの組合員の場合はマイナスの関係となっており，対照的な結果となっているからである．つまり，組合役員の組合活動への満足度は組合活動への参加が高まるのと並行して上がるのに対して，役員経験なしの組合員の場合は組合活動への参加の程度が高い人たちの中で不満が大きい，ということである．
　このことを踏まえて国別の結果に眼を向けると，次のようなことがわかる．すなわち，組合役員に関しては日本は中国や台湾とともに参加の程度の低いグループに入るが，組合満足度は日本が6ヵ国中最低で，これに次いで低いのが中国であり，台湾は組合活動への参加の程度が低いものの，組合活動への満足

度はフランスやチェコ，ハンガリーとともに高いグループに入っている．

　一方，役員経験なしの組合員に関しては，日本や中国では組合活動への参加の程度が高い．しかし組合活動への満足度は低い．この点，参加の程度が低いにもかかわらず組合活動への満足度が高い台湾やチェコやハンガリーと対照的である．

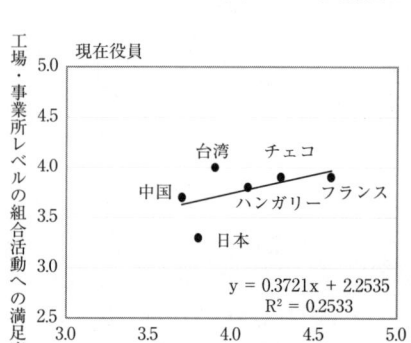

図 8-3　参加度からみた組合活動評価

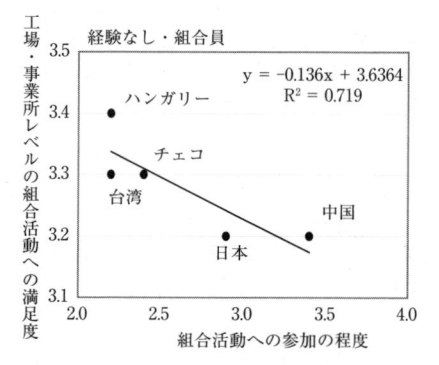

左図（現在役員）: 縦軸「工場・事業所レベルの組合活動への満足度」2.5～5.0，横軸「組合活動への参加の程度」3.0～5.0．データ点：中国，台湾，チェコ，ハンガリー，フランス，日本．回帰式 $y = 0.3721x + 2.2535$，$R^2 = 0.2533$．

右図（経験なし・組合員）: 縦軸「工場・事業所レベルの組合活動への満足度」3.1～3.5，横軸「組合活動への参加の程度」2.0～4.0．データ点：ハンガリー，チェコ，台湾，日本，中国．回帰式 $y = -0.136x + 3.6364$，$R^2 = 0.719$．

　このような結果は，組合活動の満足度は組合活動への意思反映の程度によって押し上げられることは組合役員，組合役員経験なし・組合員に共通している。しかし，組合活動への参加の程度は，組合役員の場合は組合活動の満足度を押し上げるものの組合役員経験なし・組合員では必ずしもそうはならないということである．

　国際比較から日本の特徴をあげると，中国とともに，①組合役員も役員経験なしの組合員も，組合活動に自分達の意思が反映されていると認知する程度が低いこと，②組合役員の組合活動への参加程度は他国に比べて低いこと，そして③組合役員の経験がない組合員の間では組合活動への参加度が高いにもかかわらず，組合に対する評価はむしろ低いこと，といった点を指摘できる．

3-3　組合の取り組み課題

　次に，役員かどうかで組合の取り組み課題に対する期待にどんな違いがあるかを検討してみる．設問は「労働組合は企業レベルで，どのような活動に力をいれるべきだと思いますか」で，11の取り組み課題を挙げ，それぞれに5段階での評価を求めている．

　表8-2は，日本の結果については「たいへん重要」を5点，「まったく重要でない」を1点として5点法による平均値で示し，他の国については日本とのポイントの差で示している．

　日本で重視されている上位5つは，「仕事の保障と雇用の確保」，「賃上げ」（ともに4.6），「福利厚生」（4.2），「作業環境」（4.1），そして「夏季休暇など特別休暇と有給休暇」（4.0）であり，これらに「異動」（3.7）や「労働時間の短縮」（3.6）などが続いている．

　このような日本の結果を他の国と比べてみると，共通する点と異なっている点がある．共通しているのは，企業レベルの労働組合の取り組みとして「仕事の保障と雇用の確保」が重視されている点である．同様のことは「賃上げ」についてもいえるが，その内訳をみると日本はハンガリーとともに「賃上げ」への期待が強い．「異動」については台湾とともに重視している人が多い．

　これとは対照的に，日本では「作業の編成や生産設備や装置の構成」や「作業量・作業方法」や「教育訓練」を労働組合の課題として重視する人が少ない．

　なお，「労働時間の短縮」については，日本は台湾や中国と似ているものの，時短先進国であるフランスよりは低く，ポーランドやチェコやハンガリーよりは高い．また，「経営施策への影響力」については日本は台湾，中国，フランスよりは低く，ポーランド，チェコ，ハンガリーよりは高い．似通った結果は「福利厚生」についてもみられる．

　このようにみてくると，日本の組合員の労働組合に対する期待は「賃上げ」への強い期待と「異動」への高い関心に特徴があり，これとは対照的に「作業量・作業方法」や「作業の編成や生産設備や装置の構成」など現場作業に関連

した課題，および「教育訓練」への関心が低いといえる．このような結果から，日本における労働組合の役割が浮き上がる．それは，主たる活動は賃上げと稼動・営業計画の変動に対応した人の異動の調整や苦情処理であり，これに対して現場作業の諸条件や教育訓練は，労働組合の取り組み課題というよりは上司や経営の役割として考えられているとみられる．

表8-2　労働組合の取り組み課題の国際比較

(5点法)

		N=	仕事の保障と雇用の確保	作業量・作業方法	異動	教育訓練	賃上げ	労働時間の短縮	夏季休暇など特別休暇と有給休暇	福利厚生	作業の編成や生産設備や装置の構成	作業環境(労災や職業病)	経営施策への影響力
	日　本	826	4.6	3.3	3.7	3.2	4.6	3.6	4.0	4.2	2.8	4.1	3.7
日本と各国とのポイント差	台　湾	241	0.0	-0.8	0.0	-1.0	0.2	-0.1	0.1	-0.2	-1.3	-0.3	-0.4
	中　国	426	0.0	-0.6	0.7	-0.9	0.2	0.0	0.1	-0.2	-1.0	-0.1	-0.2
	フランス	190	0.1	0.0	0.2	-0.1	0.3	-0.6	0.1	-0.2	-0.1	-0.1	-0.1
	ポーランド	517	0.1	-0.3	0.4	-0.7	0.1	0.7	0.1	0.0	-0.8	0.0	0.2
	チェコ	286	1.1	0.6	0.7	0.4	0.6	0.6	-0.2	0.4	0.3	0.4	0.3
	ハンガリー	480	0.0	-0.4	0.5	-0.7	-0.1	0.9	0.4	0.1	-0.8	0.0	0.3

注：プラスは日本が他の国を，マイナスは他の国が日本を上回っているいことを示す．

さて，組合役員，役員経験なしの組合員，非組合員という三つのグループの間には，労働組合の取り組みに対する期待の違いがあるのだろうか．

表8-3は，組合役員を基準に他の二つのグプープとの期待内容の違いをポイントの差で示している．組合の取り組み課題の中で組合役員と役員経験なしの組合員とで±0.5ポイント以上の差がついているものに着目してみると，日本はゼロで，両者の間に意識の差があまりないことがわかる．同じことはポーランドについてもいえる．これに対して中国では「教育訓練」，ハンガリーでは「経営施策への影響力」，チェコでは「異動」と「賃上げ」，台湾では「労働時間の短縮」「異動」「作業量・作業方法」「経営施策への影響力」「教育訓練」の点で，組合役員が経験なしの組合員よりも重要視している．

組合役員と非組合員を対比させて両者の間で期待の大きさに差がある項目を探ると，台湾では「 労働時間の短縮 」，中国では「特別休暇と有給休暇」と「異動」，

フランスでは「教育訓練」と「異動」，ポーランドでは「異動」，ハンガリーでは「異動」「経営施策への影響力」，チェコでは「異動」「仕事の保障と雇用の確保」「労働時間の短縮」「福利厚生」「賃上げ」「作業環境」「経営施策への影響力」があげられる．なお，日本では非組合員はサンプルの中に含まれていない．

以上の結果から，日本では組合役員と経験なしの組合員との間に組合の取り組み課題に対する見方の差が小さく，ポーランドについても同じことがいえる．これに対して台湾では，組合役員と役員経験なしの組合員との間に見方の違いがかなりあるが，役員と非組合員とでは意外と近い見方がなされている．また中国においては，役員であるか否かで重視する課題に違いがみえる．

チェコでは組合員と非組合員との違いが大きく，非組合員の労働組合に対する期待は希薄で，彼らは組合に対して距離を置いているようである．

表8-3　労働組合の取り組み課題の役員・非役員・非組合員比較

		仕事の保障と雇用の確保	労働時間の短縮	作業量・作業方法	夏季休暇など特別休暇や有給休暇	賃上げ	福利厚生	教育訓練	作業の編成や生産設備や装置の構成	作業環境（労災や職業病）	異動	経営施策への影響力	±0.5ポイント以上の取り組み課題の数
組合役員と経験なし・組合員とのポイント差	日　本	0.0	0.0	0.2	0.0	0.1	0.1	0.3	0.0	0.2	0.3	0.3	0
	台　湾	0.0	**0.8**	**0.6**	0.4	0.3	0.2	**0.5**	0.4	0.2	**0.8**	**0.6**	5
	中　国	-0.1	0.2	0.2	0.2	0.3	0.1	**0.5**	0.3	-0.1	-0.4	0.1	1
	ポーランド	-0.2	-0.1	-0.3	0.0	0.2	-0.3	0.0	0.1	0.2	0.3	0.4	0
	チェコ	0.3	0.4	0.1	0.1	**0.5**	0.0	-0.2	-0.2	0.4	**0.6**	0.2	2
	ハンガリー	-0.1	0.0	-0.1	0.2	0.0	0.1	0.0	0.2	0.2	0.3	**0.5**	1
組合役員と経験なし・非組合員とのポイント差	台　湾	0.1	**0.7**	0.2	0.2	0.2	0.1	0.3	0.1	0.1	0.4	0.3	1
	中　国	-0.1	0.0	0.0	**0.5**	0.0	0.0	0.2	0.1	-0.2	**-0.8**	0.0	2
	フランス	0.0	0.3	-0.4	0.0	0.0		**0.6**	0.4	0.3	**0.5**	0.3	2
	ポーランド	0.0	-0.1	-0.2	0.1	0.3	0.0	-0.1	0.2	**0.5**	0.4	**0.6**	7
	チェコ	**0.8**	**0.8**	-0.1	0.3	**0.6**	**0.7**	0.1	-0.3	**0.6**	**1.2**	**0.5**	7
	ハンガリー	-0.1	0.1	-0.2	0.2	0.2	0.4	0.0	0.3	0.3	**0.6**	**0.5**	2

注：強調は±0.5ポイント以上を示す

4. 会社に対する態度

　次に，視点を変えて，組合役員の会社に対する態度を，会社へのコミット度に関する設問を通して検討してみる．

　電機労働者の意識について第1回国際比較調査が実施されたのは1984年から1985年にかけてである．この時期，ヨーロッパの先進国は不況と失業に直面していたが，日本経済は低成長下とはいえ順調に伸び，ME（マイクロエレクトロニクス）機器の導入による失業の心配も回避して各国の注目を浴びていた．また「終身」雇用下で離職率の低いこともあって，労働者は企業に対して高い帰属意識を持っていると思われていた．しかし，調査結果の蓋を開けてみると，日本における会社観の主流は「会社の発展のために全力を尽くす」といったものではなく，むしろ「会社が報いてくれる程度に自分は会社に協力する」という態度であり，労働諸条件についての満足度は低く，企業帰属意識は必ずしも高くはないという，予想外の結果が明らかになった．

　ではその15年後に実施された第3回調査では，どんな特徴がみられたか．組合役員かどうかでどんな違いがみられるのか．図8-4に拠りながらこの点を分析していく．

　まず日本の結果を確認しておこう．組合役員で最多の会社観は「会社が報いてくれる程度に協力する」（「ギブ＆テイク」）で，これは半数を超えており，「会社発展のために最善を尽くす」（「最善」）の2割強や，「会社に対してはこれといった感じを持っていない」と「会社についてはまったく関心がない」（「無関心」）をあわせた2割弱を，大きく引き離している．このような会社観は役員経験なしの層においてもみられる．

　日本と似ているのはポーランドで，組合役員と役員経験なしの組合員と非組合員のいずれのグループでも会社観の多数は「ギブ＆テイク」であり，ともに「最善」が少ない．ハンガリーも「ギブ＆テイク」が多い点では日本やポーランドと同様である．しかしこの国は，「最善」の会社観を持つ組合役員が，役員経験なしの組合員と非組合員をそれぞれ12ポイントと14ポイントも上回ってい

る点で，特徴がある．

一方，台湾，中国，フランス，チェコでは，組合役員で「最善」が多いという特徴がみられる．これには2つの意味が含まれている．その一つは「最善」の回答が多いということであり，中国では9割，台湾とチェコでは6割前後，フランスでは半数を占めている．もう一つは台湾，中国，チェコでみられる特徴で，組合役員の「最善」が役員経験なしの組合員のそれををそれぞれ16ポイント，23ポイント，12ポイント，上回っていることである．

要約すると，日本とポーランドでは組合役員とそうでない人とが「ギブ＆テイク」という同じ会社観を共有しているのに対して，台湾，中国，チェコ，フランスの組合役員は会社へのコミット度の高い「最善」が多く，その程度は役員経験のない組合員のそれを上回っており，会社観を異にしている．ハンガリ

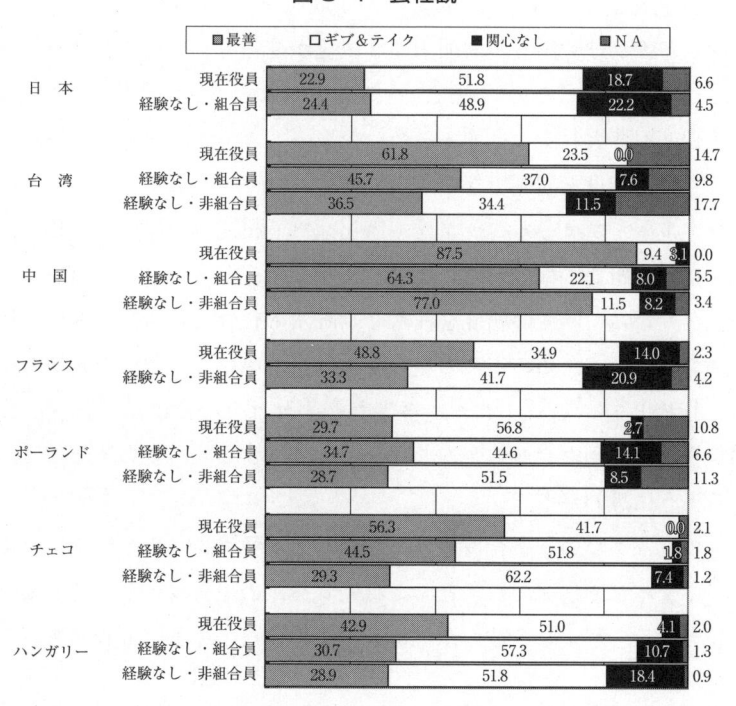

図8-4　会社観

国	区分	最善	ギブ＆テイク	関心なし	NA
日本	現在役員	22.9	51.8	18.7	6.6
	経験なし・組合員	24.4	48.9	22.2	4.5
台湾	現在役員	61.8	23.5	0.0	14.7
	経験なし・組合員	45.7	37.0	7.6	9.8
	経験なし・非組合員	36.5	34.4	11.5	17.7
中国	現在役員	87.5	9.4	3.1	0.0
	経験なし・組合員	64.3	22.1	8.0	5.5
	経験なし・非組合員	77.0	11.5	8.2	3.4
フランス	現在役員	48.8	34.9	14.0	2.3
	経験なし・非組合員	33.3	41.7	20.9	4.2
ポーランド	現在役員	29.7	56.8	2.7	10.8
	経験なし・組合員	34.7	44.6	14.1	6.6
	経験なし・非組合員	28.7	51.5	8.5	11.3
チェコ	現在役員	56.3	41.7	0.0	2.1
	経験なし・組合員	44.5	51.8	1.8	1.8
	経験なし・非組合員	29.3	62.2	7.4	1.2
ハンガリー	現在役員	42.9	51.0	4.1	2.0
	経験なし・組合員	30.7	57.3	10.7	1.3
	経験なし・非組合員	28.9	51.8	18.4	0.9

ーも「ギブ&テイク」の多いことでは前者のグループに入るが，組合役員で会社へのコミット度が役員経験なしの組合員より高いという点では後者のグループに入る．

　日本やポーランドの組合役員の会社観にはどこかドライなものがあり，台湾，中国，チェコ，フランス，ハンガリーの組合役員のような，会社発展のため最善を尽くすという「旗色」を鮮明にしているような人たちとは，かなり異なっている．

5. 総　括

　1970年代までの組合役員の主たる供給源は，工場・事業所の青年部や独身寮の自治会役員などであった．ところが1980年代になると，若手従業員の減少とホワイトカラー労働者の増加，高学歴化が進む中で，組合役員のなり手を探すことに困難がともない始めた．そこでとられた方法が「仕事のできる人」を組合活動に引き入れることであった．仕事のできる人は職場での信頼もあり，職場の取りまとめ役を期待できるからである．

　ラインホルト・ファールベック氏（Reinhold fahlbeck）は日本とスウェーデン，アメリカの組合の機能，組合員の結集軸，組合とメンバーとの関係，組合役員の組合業務についての態度を検討し，日本の組合役員は組合役員の仕事を経営と協力していくための実践の場，時には管理職になるための訓練の場とみていると指摘している[5]．これが事実だとすれば，そこには，組合役員のタイプが組合の「活動家」から会社の「仕事のできる人」に変わったことが影響しているように思われる．

　ファールベックがいう組合役員とは主として事業所レベルや企業レベルの役員であって，本章で検討の対象とした職場レベルの組合役員よりは上位の人たちだと思われる．しかし，彼らが上位レベルの役員の「予備軍」であることは間違いない．

日本の組合役員は，職場の若手が選ばれていることからくる年齢的な偏りはあるにせよ，性別，職種，学歴などについては職場の構成をよく反映しており，各層の利害の代表性が担保されている．事実，組合活動に対する評価や組合の取り組み課題，さらには会社観からみて，組合役員と組合経験なしの層との違いはほとんどみられない．少なくとも，「活動家」が一般組合員とは異なった意見を持って組合活動を担っている国と比べると，日本では組合役員の組合活動に対する「素人」化が進んでいるように思われる．

組合に対する意思反映の程度や組合活動の満足度は，日本では先に検討したように芳しくなかった．しかし，組合に対する期待はけっして小さくないとすれば，組合役員の組合活動に対する「素人」化が進めば進むほど，その期待を満たす上で，横の関係（＝連帯）よりは縦の関係，すなわち上司や経営との関係に依存することになりかねない[6]．組合の今後のあり方が，組合役員の育成という点からも問われている．

（白石利政）

注）
1) 電機連合『電機連合の中期的な運動のあり方に関するアンケート調査報告』2005年.
2) 労働調査協議会「次代のユニオンリーダーアンケート調査」（『労働調査』326号，1996年；同「第2回次代のユニオンリーダーアンケート調査」（『労働調査』410号，2002年）.
3) 「過去に組合役員を経験した」人で現在，組合員に残っている人の比率は，日本が100％（対象110人中110人）で最も高く，以下，台湾の83％（同18人中15人），チェコの71％（同65人中46人），ハンガリーの63％（同70人中44人），中国の51％（同55人中28人），ポーランドの47％（同79人中37人），フランスの35％（同23人中8人）の順である．サンプルが少ないため一般化はできないが，組合役員経験者のその後の組合との関係は国による違いがありそうだ．
4) 中国の組合役員の高学歴には，企業内の職業大学，党校（共産党の幹部養成各学校），放送大学，および私立大学などを卒業した人たちが工会の役員を担っているようである．

5) 日本について組合役員以外の点では労働組合は企業のもう一つの人格を表す分身であり，組合員の結集軸は企業など共通の枠組みを持った人たちであり，組合と組合員の関係は組合員と経営の見解を調和させることにあると分析している．これに対し，アメリカの組合は産業民主主義へ向けて集団的な代表性を選ぶ団体で，労働者間の競争排除が組合の結集軸であり，組合は組合員の意思や希望を表明し，組合役員は組合役員の仕事を，ひとつの仕事＝「組合ビジネス」と考えている．また，スウェーデンの労働組合は声なき声を代弁する団体で，技能やイデオロギーなどをともにしている人たちの組織で，組合は組合員の最善の利益に注力し，組合役員は組合の仕事を「世俗的聖職者」のような「天職」という態度で臨んでいる．Reinhold fahlbeck, *Nothing Succeed Like Success. Trade Unionism*, Akademibokhandln. 1999, pp.22-23, 参照．
6) 石川晃弘,「企業内の利害関係と従業員の意思表出」「14ヶ国電機労働者の意識調査結果報告書」電機連合『調査時報』（第315号）2000年，参照．

第9章 東アジアの労働者と労働組合
―組合帰属意識の日中韓比較分析―

1. 問題の背景と本章の狙い

　今日，東アジア諸国の経済関係は，投資，貿易，人的移動など，あらゆる点で密度を増している．しかし，たとえば中国や韓国でどんな労使関係が成り立っているかという点になると，これまでその制度面での紹介や解説はあるものの，現地従業員がメンバーとなっている労働組合がそれぞれの国の現場でどのような機能をしているのか，ということについては，あまり知られていない．こうした事情から，本章においては，顕著な経済発展を遂げつつある中国に関心の焦点を置きながら，東アジア3ヵ国における現地従業員の組合との関わりを，彼らの意識を通して探ってみる．その際，日本の投資先として大きな位置を占める中国に特に関心を向けながら，観察と分析を進める．

　中国の場合，企業の経営において共産党が独自の役割を持ち，労働組合[1]は労働者の代表というよりは，むしろ共産党のいわば下部組織として存在し，かつ経営サイドの教育機能と管理機能の一部を担っているという特徴を有している．中国では経営者も勤労者であるという意味で労働者階級のメンバーであり，両者の間には基本的利害の対立は存在しない，したがって「労働争議は存在しない」という原則的な考え方がとられており，このイデオロギーのもとで労働組合は労使対立や労働争議の顕在化を抑制させる役割を果たしてきた．その結果，労使紛争や労働争議を解決するための法律・制度面の発展が妨げられ，労使関係の近代化が後れざるをえなかった．

改革開放後,労働契約制の導入により,国家が主体となって労働者を雇用するという関係は国有企業においてすらすでに終わっている.そして,1990年代に入り,国有企業改革にともなうリストラによる失業率も上がり,労使紛争やストライキも増加しつつある[2].しかし,現在のところ,労働組合は企業内における従業員の福利厚生,労働意欲の高揚,労働秩序の維持という点で主な役割を担っている.他方,市場経済の発展の中で経営と労働の関係は急速なテンポで変容しており,労働組合の現有の地位と従来の機能ではこれに適応できなくなってきている.労働者を代表すべき組合組織が,経済制度変革のなかで改革開放政策に協力し,社会秩序の安定を維持しながら,いかに労働者の利益を守っていくべきか.現在この点が問われている.

　この間韓国では1980年代末の民主化改革のもとで,労働組合運動は急展開し,組合組織の急増と労使紛争の頻発化がみられた.しかしその後韓国経済の発展を背景に,組合組織率の低迷の中で,労使関係は安定化の傾向をたどって今日に至っている.日本では,長期的な組合組織率低下の趨勢が続き,これに加えてバブル経済崩壊後の経済不況と雇用不安の中で,労使関係は一見沈静している.いずれの国でも経済のグローバル化のもとで,労働組合は新たな環境への有効な対応のありかたを模索している.

　そのような状況下で,東アジアの各国で,労働者は労働組合に対してどんな態度と意識を示しているか.これが本章のテーマである.

　なおこの章で分析素材とするのは00年調査の結果であり,中国に関しては組合組織率が高い国有企業を対象としている.

2. 組合組織率の低下傾向

　はじめに,各国における労働組合の組織状況を,組織率の推移から示しておく.

図 9-1　日本・韓国の推定組合組織率（%）

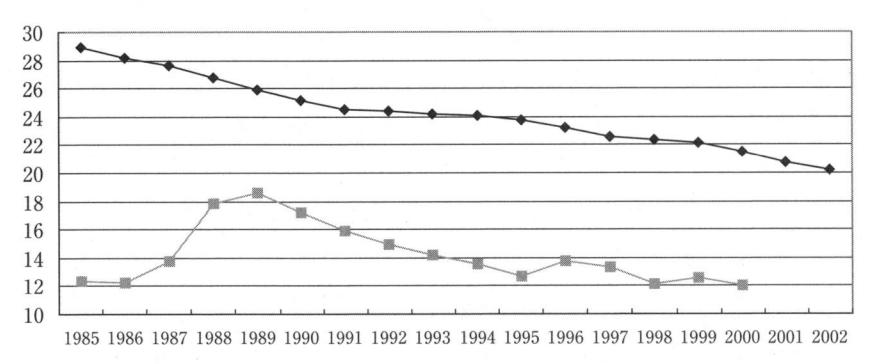

日本データ：日本労働研究機構『労働運動白書平成 15 年版』p.483，韓国データ：グレッグ・バンバー，ラッセル・ランズベリー『新版　先進諸国の雇用・労使関係』日本労働研究機構，p.383.

図 9-2　中国の推定組合（工会）組織率（%）

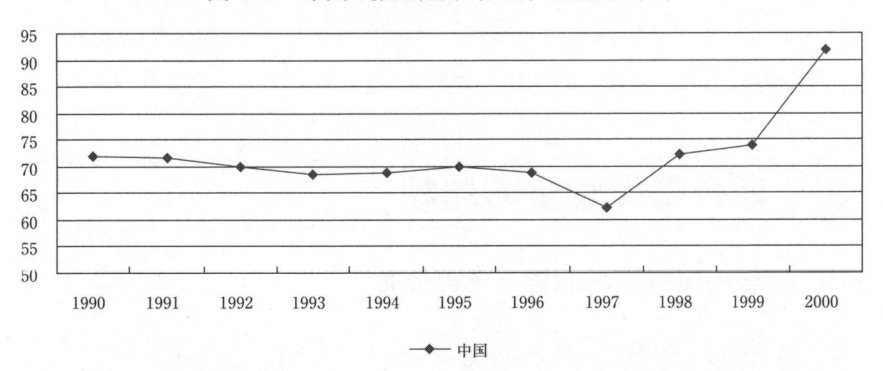

日本労働協会編『海外労働時報：2002 年 4 月号 No.323』p.55 データより作成.

　近年，世界中の多くの国々で組合離れが進んでいるといわれている．少なくとも組織率でみるかぎり，日本でも例外ではなく組合離れは進む一方で，歯止めをかけることはむずかしいようである．図 9-1 は，日本・韓国の組合推定組織率を示したものである．この図が示しているように，日本では，1978 年に

32.6%だった組合組織率はその後年を追うごとに低下し続け,現在では20%を下回るほどにまで落ち込んでいる.このことは韓国でも同様で,1989年に組合組織率が18.6%とピークに達したものの,その後は低下の一途を辿り,1996年に若干盛り返したものの,その後再び低下し,2000年には過去最低の12%まで落ち込んでいる.

一方,中国では,共産党政権を軸とした社会主義体制を布いているために,組合組織率は,日本・韓国よりも,高い数字を維持してきた.しかし,図9-2からみて取れるように,1990年から横ばい状態であった組合推定組織率は,経済の市場化路線[3]に沿ったかたちで1995年を境に低下しはじめ,1997年には,それまで70%近くまであった組織率が62.7%にまで落ち込んだ.もっとも,その後,これに危機感を強めた全国総工会[4]が組合(工会)の事業の再編[5]に着手し,組織率は大幅に回復していき,2000年には90%を超えるまでになった.

以上のように,中国では全国総工会のテコ入れによって組合離れが阻止されたものの,日本と韓国では依然組合離れが深刻な問題となっており,組合組織率は低下の一途を辿っている.しかしそこにはさまざまな要因が絡んできており,組合離れを論じる際にはそれらの要因を詳しくみていく必要性があろう.

3. 組合帰属意識の諸相

3-1 組合帰属意識の測定とその分布

以下の分析は,労働者の組合帰属意識を軸として展開していく.

組合帰属意識の尺度と測定法は,尾高邦雄とその研究グループが開発した方法を踏襲している.まず,組合帰属意識を測定するために,リッカート尺度の構成を試みた.そのための第1段階として,まず,調査票に盛られた諸設問の中から,組合帰属意識に関連があると思われる次の6つの設問を取りあげた.いずれも回答選択肢は5点法によっている.

① 「あなたは自分と会社レベルの組合役員とは利害が共通していると思いま

すか，それとも利害が反していると思いますか．」

②「あなたは自分と工場・事務所レベルの組合役員とは利害が共通していると思いますか，それとも利害が反していると思いますか．」

③「あなたは組合活動にどの程度参加していますか．」

④「あなたの組合はあなたの意思をどの程度反映していますか．」

⑤「あなたは工場・事務所内の組合の活動をどのように評価していますか．」

⑥「あなたは電機産業労働組合の活動をどのように評価していますか．」

項目間の相関関係を分析の結果，上掲の設問がすべて尺度のために使えることが判明した．こうして構成したリッカート尺度，即ち，5点尺度によって得られた組合帰属意識について，その強弱の程度によってサンプルを3等分してみる．つまり，組合帰属意識を強く示す者3分の1，中ぐらいの者3分の1，弱いもの3分の1，というように分ける[6]．そしてその分布をパーセンテージで表わしたのが図9-3である．

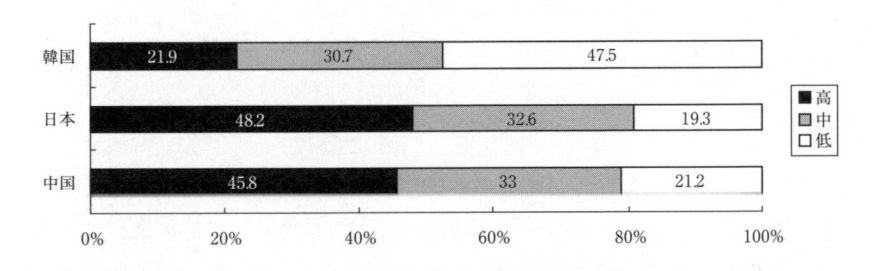

図9-3 3ヵ国における組合帰属意識の比較（％）

	高	中	低
韓国	21.9	30.7	47.5
日本	48.2	32.6	19.3
中国	45.8	33	21.2

この図からわかるように，組合帰属意識の高さは，中国と日本とで大差ない．組合帰属意識が「中」の者まで入れると，8割にも及ぶ．それに対して，韓国の組合帰属意識の低さが目立つ．「中」の者を入れても5割をちょっと超えるぐらいである．

中国では組合は経営に近い立場を取っており，協調的な労使関係の構築のために力を入れている．日本も企業内組合で労使関係が協調的であるといわれて

いる．こうしたことを考えると，中国と日本の労働者の組合帰属意識の高さは理解できる．一方，韓国では，1997年の通貨危機以降，組合組織率が低下し，組合離れが現われているといわれているが[7]，われわれの2000年の調査結果でも韓国の組合帰属意識が低く出ている．

3-2　組合帰属意識の主な担い手

次に，それぞれの国でどのような労働者が組合帰属意識を担っているのかを探り，職種階層別，年齢階級別，価値類型別にその分布を分析してみる．

3-2-1　職種階層別分析

まず，企業内の階層ごとに組合帰属意識の高さを測定してみる（図9-4）．

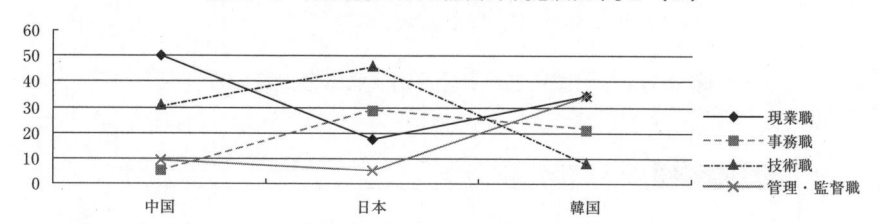

図9-4　階層別にみた組合帰属意識の高さ（％）

凡例：現業職／事務職／技術職／管理・監督職

この図から得られる特徴をまとめると，各国ごとに組合帰属意識の主要な担い手が異なっていることがわかる．中国では「現業職」と「技術職」で，日本では「技術職」と「事務職」，韓国では「現業職」と「管理・監督職」である．中国では明らかに現場労働者が組合を支えており，事務系や管理系といったホワイトカラー従業員の組合帰属意識は高くないことがわかる．特に中国に関していえば，民営化が進む過程で全般的に組合帰属意識が低下していることがわかる．とりわけ，かつては職場の中で中核を成していたであろうと目される事務職，監督職において，急激な民営化とリストラの中で急速に組合離れが進んでしまったとみられる．

3-2-2 年齢階級別分析

次に，どの年齢層で組合離れが進んでいるのかを探るために，年齢階級による組合帰属意識の変化をみてみたい．

図9-5は各国のサンプルを「30歳未満」「30歳代」「40歳代」「50歳以上」という4つの年齢階級に分け，その組合帰属意識の分布を表わしたものである．

この図から見て取れることは，中国と韓国ではともに組合への帰属意識が加齢につれて高くなっていることである．それに対して，日本での組合帰属意識は，30歳までの若年層では中国，韓国よりも高いものの，その後は増大していない．

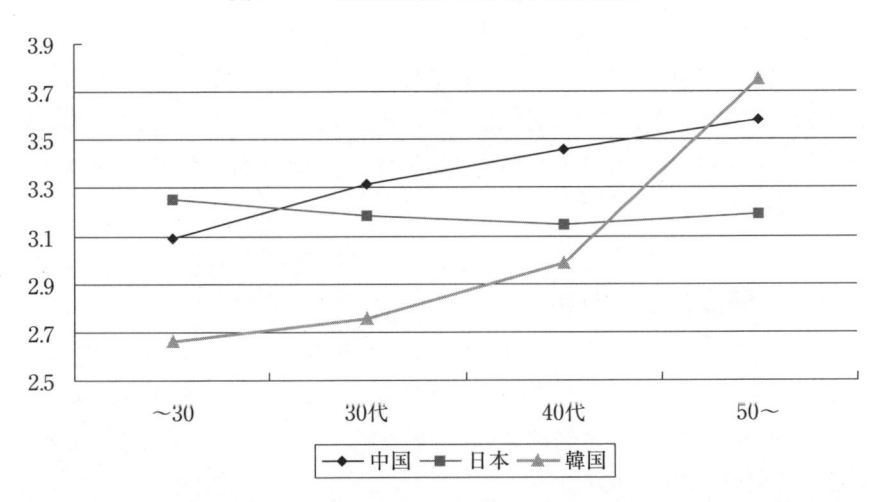

図 9-5　年齢階級別各国の組合帰属意識

一般的には，年齢と勤続年数が増すにつれて組合帰属意識も高まっていくと考えられている．しかし，上の図をみると，韓国や中国では年齢を重ねるにつれて組合帰属意識が上昇しているのに対して，日本では年齢を重ねていっても，組合帰属意識はほぼ横ばい状態である．なぜ日本だけは一般的に考えられていることが当てはまらないのか．

このことは，日本の高度経済成長の終焉と関わりがあるのではないかと推測される．つまり，2000年の調査時点で30歳代や40歳代であった労働者は，1950年後半から始まる高度経済成長の真っ只中に生まれ，やがて高度経済成長の社会的「熱気」が冷めた時代に青春期を過ごすことになった．そのため，彼らはその青春時代を，社会的「熱気」を感じることができずに，しかし社会は豊かになっている状況の中で過ごしてきた．さらには1980年代のオカルト文化の発達[8]といったような内部指向型[9]文化が広がる社会環境の中で青春後期を過ごしている．そのため，2000年の調査時における30歳代，40歳代の少なからぬ人々は，何事にも「熱気」を感じることのない「しらけの世代」に属し，組合にもある種の「熱気」を感じることができず，組合帰属意識も停滞しているのではないかと推測される．

　もう一つこの図から言及しておきたいのは，先ほど述べたように日本の若年層では中国・韓国よりも組合帰属意識が高く，若年層だからといって組合離れが進んでいるというわけでは必ずしもないということである．むしろ，組合にとっては，帰属意識が停滞している中高年層の意識の活性化を推進させることが重要であると思われる．

3-2-3　価値類型別分析

　今回，データを分析していく過程で，組合帰属意識がその担い手の価値意識とかなり関係しているのではないかと思われてきた．ここでその価値意識を「伝統主義的価値」と「個人主義的価値」という類型に分けて，それらと組合帰属意識との関連を追究してみよう．

　調査票の中に，「人々がよきしきたりやならわしを大切にし，それに従っている社会」，「個々人が人生のチャンスを切り開いていける社会」が，それぞれ＜あなたにとってどのくらい重要か＞と訊ねた設問がある．この質問に対して「大変重要である」と答えた人々のグループとそれ以外のグループに分け，前者を「重要」グループ，後者を「重要ではない」グループとした．そして，「人々がよきしきたりやならわしを大切にし，それに従っている社会」を大変重要視

する人々は，伝統主義的価値観を強く重んじる人々のグループであり，「個々人が人生のチャンスを切り開いていける社会」を大変重要視する人々は近代個人主義的価値を重んじる人々のグループであると位置づけた．

まず伝統主義的価値と組合帰属意識との関連を示したのが図6-1である．

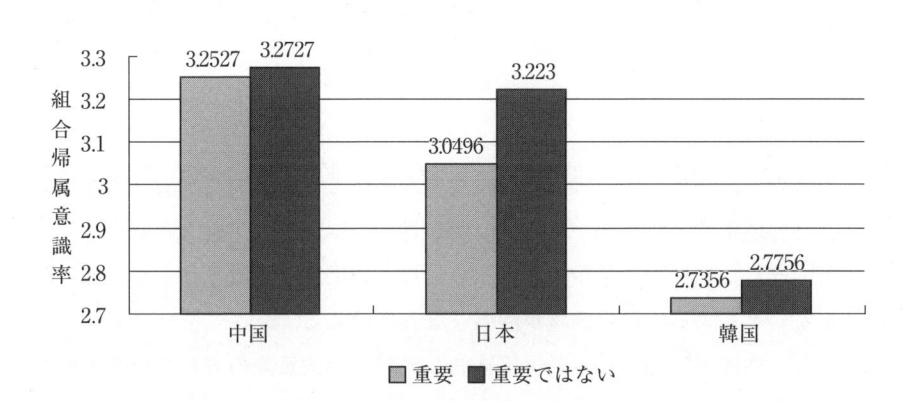

図9-6　伝統主義的価値観

国	重要	重要ではない
中国	3.2527	3.2727
日本	3.0496	3.223
韓国	2.7356	2.7756

（縦軸：組合帰属意識率）

この図によれば，日本では伝統主義的価値を重要視しない人々の組合帰属意識が高いことが見て取れる．一方，中国と韓国においては，伝統主義的価値を重要視するかしないかは，組合帰属意識にそれほど大きく関係していないことがわかる．つまり，伝統主義的価値と組合帰属意識の関係においては，日本では伝統主義的価値の重要度により組合帰属意識に差が出ているのに対して，中国と韓国では，それほど差がみられないことが明らかになる．

次に図9-7から，個人主義的価値と組合帰属意識との関係をみる．

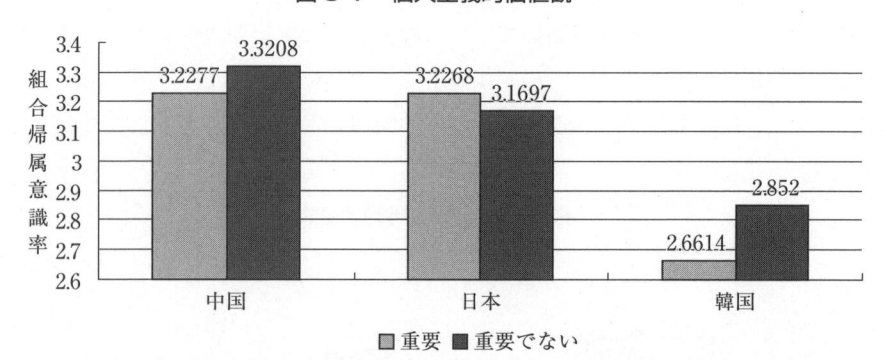

図9-7　個人主義的価値観

	中国	日本	韓国
重要	3.2277	3.2268	2.6614
重要でない	3.3208	3.1697	2.852

（縦軸：組合帰属意識率）

　この図から，中国と韓国では個人主義の進展にともなって組合帰属意識が減少してきていることがうかがえる．しかし日本では，個人主義的価値の拡がりは組合帰属意識の低下に繋がらない．むしろ，集団依存意識よりも個人意識が芽生えることによって組合意識が活発になるといえる．

　つまり，中国・韓国においては伝統的な集団依存的意識の方が組合帰属意識に馴染んでいるということがいえる．それに対して，日本の場合にはむしろ，伝統的な集団依存の意識からの脱却と個人主義の広がりの中で組合帰属意識が高くなるという傾向がうかがえる．

　一般的には「個人主義の進展が組合帰属意識の低下をもたらす」と思われがちであるが，データが示していたように，中国や韓国ではそういえても，日本の場合には必ずしもそれは当てはまらないといえそうだ．

4. 労働組合の機能と組合帰属意識

　次に組合の現在の機能に対する従業員の評価と，組合帰属意識との関係について検討する．

　組合の主要な使命であり重要な活動内容をなすのが「仕事の保障」「賃金」「福

利厚生」であることには異存ないだろう．以下においては，まず，その3項目に対する従業員の満足度をみることにする（表9-1をみよ）．

表9-1 「仕事の保障」「賃金」「福利厚生」に対する満足度（％）

	仕事の保障		賃金		福利厚生	
	満足	不満	満足	不満	満足	不満
中国	32.9	41.7	24.3	54.7	22.5	54.1
日本	41.5	14.8	22.4	45.4	44.1	16.9
韓国	32.2	24	30.1	35.8	41.4	28.3

　この表にみられる特徴を項目ごとにまとめてみると，以下の点を指摘できる．
「仕事の保障」においては，日本の満足度が一番高く，不満が一番低い．中国と韓国は満足度においては大差ないが，不満においては中国が3ヵ国のなかで一番高く，4割に達している．
「賃金」においては，いずれの国も不満が満足を上回っている．そして，この項目においても，中国の不満の割合が3ヵ国のなかで一番高く，5割を超えている．
「福利厚生」においては，日本の満足度が一番高く，不満が一番低い．中国は日本と韓国に比べて，満足が倍近く低く，不満が倍近く高い．
　中国を中心に全体の結果をまとめると，中国ではその他の国と比べて，不満層の高さが特に目立っている．いずれの項目においても，不満が満足を大きく上回っている．特に「賃金」と「福利厚生」では，2倍強も上回っている．今回の調査対象企業が国有企業であり，調査時期が2000年であって，国有企業改革が既に行われて数年経った時期であることを考えると，それほど理解に窮しない結果だと考えられる．国有企業改革以前では企業が従業員の生活全体の面倒をみていたが，改革によりしだいに従来の保障がなくなってきていること，そして，外資系企業の進出により，国有企業の賃金の低さが目立ってきていることなどが，このような結果の背景にあると考えられる．
　日本は「仕事の保障」と「福利厚生」では3ヵ国の中で満足度の一番高い国である．一方，韓国は3ヵ国のなかで中間的な位置にある．

以下においては，組合帰属意識の高いグループが上述の3項目，すなわち「仕事の保障」「賃金」「福利厚生」に関して，だれが企業内で自分の意見を一番代表していると思っているかを問い，その回答の割合をみてみる．そしてそのあとで組合帰属意識の高さと実際の組合の機能との間の関連を追究する．

図9-8　組合帰属意識の高いグループにとって「仕事の保障」に関して意見を一番代表していると思っている者（%）

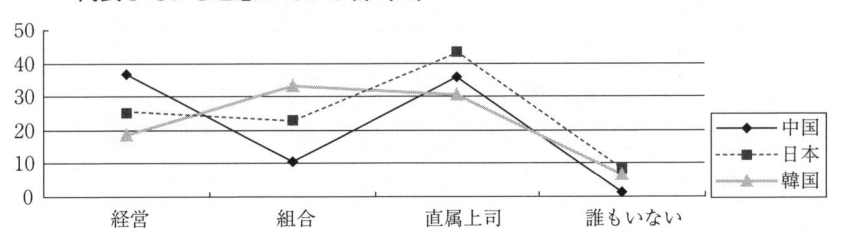

図9-8から「仕事の保障」に関して特徴をあげると，いずれの国でも「直属上司」の割合が高い．中国では，「直属上司」と並んで「経営」の割合も高い．そして，中国で「組合」を選んだ割合は3ヵ国の中で一番低い．

図9-9　組合帰属意識の高いグループにとって「賃金」に関して意見を一番代表していると思っている者（%）

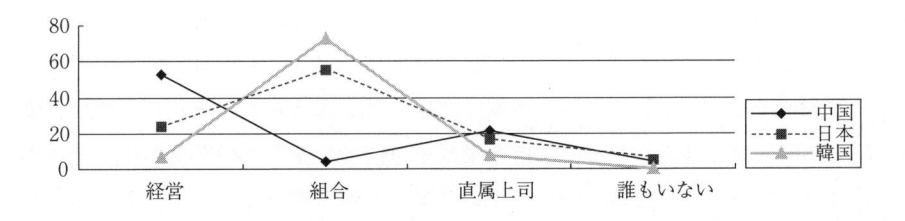

図9-9から「賃金」に関して特徴をみると，日本と韓国では「組合」の割合がその他の項目を大きく引き離しているのに対して，中国では「経営」が高い割合で選ばれている．中国で「組合」を選んだ割合は3.8%にしか達しておらず，

その比率は極めて低い.

図9-10 組合帰属意識の高いグループにとって「福利厚生」に関して意見を一番代表していると思っている者（％）

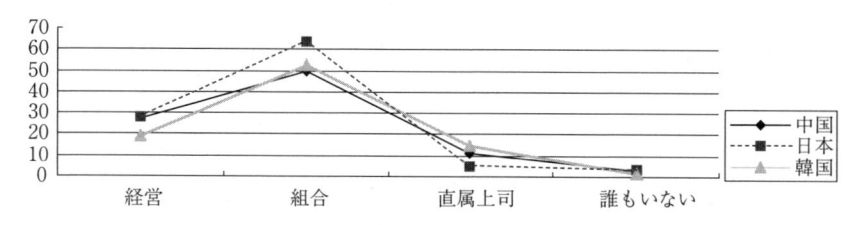

(グラフ：中国・日本・韓国の3ヵ国について、経営・組合・直属上司・誰もいない の4項目の割合を示す折れ線グラフ。組合が最も高く、日本約62％、韓国約50％、中国約50％。経営は中国約27％、日本約27％、韓国約19％。直属上司は約5～13％、誰もいないは約1～3％。)

図9-10から「福利厚生」についてみると，3ヵ国とも似た傾向を表わしている．すなわち，「組合」の割合が一番高いのである．

なお，中国だけを選んで，組合帰属意識の高いグループと低いグループとで上記の3項目の回答を比較してみたら，組合帰属意識が低いグループは，意見代表者として「組合」を選んだ者の割合が高いグループより小さく，また，「誰もいない」と答えた者の割合が大きいということがわかった．

中国の労働組合はその特殊な位置づけのため，企業内で主に福利厚生に関する活動を行っている．つまりそれは他国のように交渉団体という性質を持つのではなく，福利厚生機関の役割を果たしている．この特性は市場経済化している現在にも引き継がれていることは，上掲の3つの図からも明らかである．組合が本来なすべき「本業」を中国では経営側がやってくれていると，労働者は認識しているようだ．それは組合帰属意識が高いグループでも同様である．

それにもかかわらず中国で高い組合帰属意識を持つ者があるとすれば，その根拠は何であろうか．これは中国労働者が抱く労働組合イメージからかなり説明できそうだ．すなわち，中国の労働者にとって労働組合とは，そもそも「仕事の保障」や「賃金」の交渉をしてくれる団体ではなく，「福利厚生」機関の役割を果たす団体なのであって，したがって労働者は労働組合に多くのことを期待しない．期待しない分，失望感も大きくない．組合帰属意識が高い根拠はこのあたりにあると思われる．

ただし，前掲の3つの項目に対する満足度からもわかるように，中国の労働者の間では賃金や雇用など，組合が本業とすべき活動内容に対する不満は大きい．ただ，現状では，その不満を解決してくれるのが本来は組合であるという意識はまだ必ずしも定着していない．実際，中国では，組合が労働者の利害を十分に代表していないため，組合幹部が知らないうちに労働者による「山猫」ストライキが発生し，労使の対立が激しくなるケースが少なくないのである．

5. 組合帰属意識と企業帰属意識

次いで，組合帰属意識と企業帰属意識の結びつき，いわゆる二重帰属意識を分析する[10]．組合帰属意識のように，企業帰属意識に関してもサンプルを同様に3分の1ずつ分けて，それぞれの組み合わせを次にように作ってみる．

	組合帰属意識	企業帰属意識
高い	P	P
中位	N	N
低い	C	C

このうち両方強いタイプ（P－P），両方弱いタイプ（C－C），組合帰属意識が強く企業帰属意識が弱いタイプ（P－C），その逆のタイプ（C－P）という四つの組合せだけを取り出して，各国ごとにその割合を示すと，表9-2のようになる．

表9-2 二重帰属意識の分布（%）

	P－P	C－C	P－C	C－P	(P－P)＋(C－C)	(P－C)＋(C－P)
中国	44	13	1	7	57 ＞	8
日本	41	7	2	5	48 ＞	7
韓国	17	16	1	20	33 ＞	21

（注） P－P：二重帰属型，P－C：組合傾斜型，C－C：二重離反型，C－P：企業傾斜型

表9-2からわかるように，中国と日本は二重帰属意識の持ち主の割合が高い．それに対して，韓国は企業傾斜型が一番多く，それに若干少ない割合で二重帰属と二重離反型が並んでいる．それにしても，韓国の二重帰属意識の割合は中国と日本に比べて断然低い．そして，3ヵ国とも組合傾斜型は少ない．

中国の組合は経営に協力しかつ社会秩序の支えをなし，経営および体制のサブシステムをなしているという特徴を有する．すなわち，企業内で経営と組合は対立関係にあるのではなく，互いに補完する役割を果たしている．企業の経営者も組合役員も労働者と同じ労働者階級のメンバーであるというイデオロギーが，これを正当化してきた．中国で二重帰属意識の持ち主が多い理由は，これでかなり説明できる．

日本の二重帰属意識の高さに関しては，既に多くの先行研究で指摘[11]されているが，韓国の組合離れは注目に値する．組合の主要な活動内容である「仕事の保障」「賃金」「福利厚生」に対する韓国での評価は，3つの国の間でけっして低いとはいえないが，組合帰属意識の低さや二重帰属意識からみられる組合離れは，3ヵ国の中で最も顕著である．

6. 労働組合の力量強化のための重点課題

最後に労働組合の力量強化のための重点課題を取り上げる．

調査票の中に「労働条件の維持・改善にあたって，組合の力量を高めるにはどのようなことが必要か」という設問があり，その方策として8つの項目が列挙されており，回答者はその中から2つ以内を選ぶよう求められている．その結果，回答が多かった項目をそれぞれの国で3つあげると，表9-3のようになる．

表9-3　組合の力量強化のための重点課題（%）

	①	②	③
中国	労働者の経営参加を推し進める（43.3）	組合の法的権利を高める（42.6）	政府や政党からの自主性を強める（28.7）
日本	労働者の経営参加を推し進める（33.3）	組合の法的権利を高める（29.3）	組合の組織率を高める（26.6）
韓国	労働者の経営参加を推し進める（43.9）	組合の民主的運営を強める（37.9）	組合の法的権利を高める（32.0）

「労働者の経営参加を推し進める」「組合の法的権利を高める」という項目は3つの国に共通しているが，これらのほかに重点課題としてあげられているのは，日本の場合は「組織率の向上」であり，韓国の場合は「組合運営の民主化」であり，中国の場合は「政府や政党からの自主性を強める」である．実際，中国の労働組合は労働者を代表する自主的団体というよりも，むしろ共産党のいわば下部機関として党と行政当局に一体化してきた．このような状態から脱するべきだという労働者の意向が，この中国の調査結果の中にうかがえる．回答に現れているということであろう．そうだとすれば，中国労働者の組合観に変化が現れてきているといえるかもしれない．

7. 結びに代えて ——中国の労働組合はどこへ行く——

　中国，日本，韓国という，東アジア3ヵ国の比較を通して，組合帰属意識を軸としながら，各国の労働組合の機能を探ってみた．その中で得られた知見を，中国に焦点を置いてまとめてみる．2つの点を指摘したい．
　まず，労働組合の機能についていえば，中国では市場経済化にともなって従来の機能からの転換が求められてきているが，調査結果をみるかぎり，まだ大きな変革は行われていないとみられる．組合の機能は依然として主に「福利厚生」活動にとどまっており，経営の補佐機関としての域を脱しておらず，労働者の利害を代表する自主的組織になるにはまだ程遠いのが現状だといえるだろう．経営者も組合幹部も一般労働者もみんな労働者階級のメンバーで利害は同

じだというイデオロギーのもとで，組合はいかに労働者の利益を求めて経営側と交渉すべきか，また，どのような協調路線をたどれば労働者の利害にかなった結果を得られるのか．その一方で組合が組織されていない外資系企業や民間中小企業で雇用が伸びている．このような状況下で中国の労働組合はますます厳しい選択を強いられるにちがいない．

次に，中国の労働者の組合観をみると，労働組合の活動が福利厚生の分野に特化してきた事情から，組合といえば「福利厚生」団体といったイメージが定着し，組合に対する期待も福利厚生に関わる活動にとどまっているという結果が得られた．中国の労働者は福利厚生に関しては組合に依存しているが，賃金や雇用という労働者にとって切実な問題に関しては，むしろ経営や上司に頼っている．これは組合帰属意識が高いグループであってもそうである．中国の労働者の組合帰属意識はけっして低くなく，むしろ高いほうであるが，組合が取り組むべき賃金や雇用に対する不満は3ヵ国の中でもっとも大きい．これらの不満の処理が経営や上司の手で負えなくなったら，中国の労使関係はどう展開していくのだろうか．

中国の国有企業労働者の二重帰属意識は日本と並んで多くみられ，二重離反意識はむしろ少ない．これがこれまでの中国労使関係の安定に寄与してきたといってよい．しかし，今後市場経済化がますます進み，国有企業は合理化の嵐にさらされ，外資系企業と民営企業が増加し発展していくとすれば，二重帰属意識は崩壊しかねない．その行方を左右するものとして組合の役割は無視できないであろう．中国的社会主義市場経済が政策的にもイデオロギー的にも追究される中で，それに対応するどのような中国的労働組合と中国的労使関係が構想されるのか．これは隣国日本にとっても大きな関心事でなければならない．

$$\begin{pmatrix} 呉 & 冬梅 \\ 岸 & 保行 \end{pmatrix}$$

注）
1) 中国の労働組合の全国統一組織，中華全国総工会の発表によると，2002年6月末時点の全国の労働組合員数は1億3,154万7千人である．2001年末の組合員数は1億2,152万3千人で，半年間に8.2％増加している．末端の組合数は

2002年6月末で165万8千と，2001年末に比べ7.8％増えている．朝日新聞2003年1月24日より．
2) 2001年，中国全国の労働争議仲裁委員会で立案，受理した案件は15.5万件であり，前年より14.4％増加している．関係した労働者は46.7万人であり，前年より10.5％増加している．労働と社会保障部・国家統計局『2001年度労働と社会保障事業発展統計公報』より．
3) 市場経済化の波で，私営企業・外資企業が増加し，国有企業は合弁やリストラを迫られ，その結果工会（組合）数は低下し始めたといわれている．
4) 全国総工会（ACFTU）は，中国の工会（労働組合）の全国組織で，中国唯一の労働者団体であり，1925年に設立された．
5) 具体的には，大きく分けて以下の7つの事業を展開し，組織力向上に努力していったといわれている．①中国共産党からの強い支援 ②経済面での支援事業の充実 ③法分野での支援の着手 ④再就職・職業教育事業の強化 ⑤政策立案過程と労使関係調整機関への参加 ⑥労働者の技能コンテストの企画 ⑦海外の労働組合の調査・研究の強化 それぞれの項目の詳細に関しては，『海外労働時報：2003年3月号 No.335』を参照されたい．
6) この方法について詳しくは，尾高邦雄『産業における人間関係の科学』有斐閣，1953年，参照．
7) 鄭弘翼，孔裕植「韓国における電機産業の発展と労使関係の現状」，『第3回電機労働者の意識と各国労使関係に関する国際シンポジウム会議報告』，参照．
8) 1974年に超能力ブームが起こり，その年の流行語には「オカルト」が選ばれている．1974年以降，オカルト文化は進展していき1980年代に突入している．
9) リースマンが，主著『孤独な群集』（1950年）の中で展開した3つの人間類型（他人指向型・内部指向型・伝統指向型）のうちの一つ．「内部指向型」とは，外界状況によって左右されるのではなく，自己の内面的な価値を基準にして行動を決定していくタイプであるという．
10) ここでの分析手法も尾高邦雄とその調査グループが開発した方法に基づく．詳しくは尾高邦雄，前掲書，参照．
11) その中の一作として，石川晃弘「企業帰属意識の国際比較」『現代社会の諸位相』中央大学社会科学研究所，1990年参照．この節のアイデアと方法はこれに大きく拠っている．

第10章 労使関係意識の2類型とその変容
― 「二重帰属意識」をめぐる国際比較 ―

1. はじめに

　日本の労使関係研究の中で社会学が貢献したことの一つは, 「二重帰属意識」の発見である.

　戦後まだあまり年月が経っていなかったころ, 日本の各地で労働争議が頻発していた. そのような当時の熾烈な労使闘争の現実を背景として, 社会学者が行う労働調査の項目に「階級意識」にかかわる設問が導入され, 資本対労働の対抗関係の中で労働者が経営と組合とにどんな態度を形作っているかが大きな関心事とされた. つまり, 労働者の経営に対する帰属意識と組合に対する帰属意識の関係が問題とされていた.

　この問題状況を背景に, 1950年代, 尾高邦雄をリーダーとする研究チームが日本鋼管, 宇部興産, 日本光学, 四国電力, 東京電力, 松屋などの大企業で大規模な労働者意識調査を展開した[1]. その一連の調査は, その後のいわゆるアンケート方式による労働者意識調査のはしりをなすものであり, 大企業労働者の意識に関する豊富なデータを蓄積したが, そのなかでも特に関心を呼んだのは経営帰属意識と組合帰属意識との結びつきである. このチームの当初の仮説によると, 資本主義社会という階級社会では, 経営側に帰属感を持つ者は組合を疎んじ, 組合に帰属感を持つ者は経営に対して敵対感情を持つ, というように, 労働者の意識は経営側か組合側に両極化しているはずであった. ところが分析結果をみると, 経営側に帰属感を持つ者は同時に組合にも帰属感を持

っており(これは「二重帰属意識」と名づけられた),組合を疎んじたり組合に反発している者は同時に経営に対しても同じような態度を示しており,しかも全体として,社会的には熾烈な労使間での対立が現出しているようにみえても,企業内では二重帰属意識を持つ労働者が多数をなしていることがわかった.

分析結果に表れたこの事実の解釈をめぐって,2つの次元で対立する論点が打ち出された.一つはこれを「近代社会」の論理で説明するか「階級社会」の論理で把握するかの議論であり,他の一つはこれを産業社会の「普遍的」現象とみるか日本社会の「特殊的」現象とみるかの議論である.

まず第1の次元では,尾高邦雄[2]と松島静雄[3]が相異なる仮説を打ち出した.尾高の仮説の要点はこうである.近代社会では人々は自分の多様な関心を充足させるためにさまざまな機能集団に参加し,それぞれの集団の中で一定の役割を得る.したがってそれぞれの役割は個人の内面において共存しうるものである.企業という集団と組合という集団も同様な関係にあり,労働者は機能を異にするこの2つの集団のメンバーとして,両者に同じく帰属意識を持ちうる.それゆえ二重帰属意識は近代社会に生きる人間に普遍的な現象である,と.他方,松島は,経営と組合の関係を労働対資本の対立関係として捉え,労働者は資本の論理に対する従属と抵抗の複雑な状況のなかで労働生活を送っており,二重帰属意識とはそのような状況を反映した複雑な心理現象であるとし,複数の機能集団への同時帰属という説明は階級社会の本質的関係を見落としていると批判した.この議論から,次のような疑問点が浮かび上がってくる.もし「近代社会」仮説に立つとすれば,西欧や北米などでも同様な現象を見出さなければならない.はたして欧米でも二重帰属意識は普遍的に見出せるのか.逆に「階級社会」仮説に立つならば,社会主義国の労働者の意識はどう説明されるのか.また同じ資本主義の国の間に違いはないのか.これが,本章で吟味すべき第1の問題点である.

第2の次元に関しては,尾高邦雄が自ら2つの立場を提示している.一つは前述の「近代社会」仮説から導かれる「普遍性」論で[4],他の一つは,二重帰属意識は家族主義的経営と企業内的組合という日本の企業に広くみられる労

使関係を反映したものだという「特殊性」論である[5]．もし「普遍性」論に立脚すれば，資本主義社会でも社会主義社会でもおよそ産業が発達した社会では共通にみられる現象でなければならず，「特殊性」論に立つならば日本以外の社会ではこの現象はおそらくみられないであろう．では，事実はどうなのか．これが，以下で検討すべき第2の疑問点である．

　これら2つの疑問点に理論的決着をつけないまま，その後の労働調査は経験的事実の収集に埋没してきた憾がある．その間，企業帰属意識に関する研究は「日本的経営」への関心から国内外で多数出されたが，組合との関わりでこれを検討する営みはほとんど進展しなかった．

　やがて1980年代の中頃近くになって，筆者はたまたま電機労連調査部から電機労働者の国際比較意識調査への協力依頼を受けたのをきっかけに，かねてから二重帰属意識に関心を持っていた同調査部長の石垣辰男（故人）と労働調査協議会事務局長（当時）の白石利政と計らって，この機会にそれを測定できるような調査項目を国際調査票の中に盛り込んでみた．この調査には，西欧5ヵ国（イギリス，フランス，西ドイツ，イタリア，スウェーデン），東欧3ヵ国（ポーランド，ハンガリー，ユーゴスラビア＝ここではスロベニア），アジア1ヵ国と1地域（日本・香港），合計9ヵ国1地域が参加したので，これらの国の比較の中からさきの疑問点を解く糸口がみつかると思われた．そして調査はまず1984年から1985年にかけて行われた．この調査は，その後さらに1990年代中葉と2000年前後に反復実施された．本章では，これらの調査から得られたデータを加工して分析していく[6]．

2. 帰属意識パターンの2類型

　経営帰属意識の測定の前に企業帰属意識を測定するため，調査票の中から適当な設問を選び出し，リッカート尺度を構成するために項目分析を行った．

　企業帰属意識に関連する設問として選び出したのは，次の9つである．

(1) あなたは自分の利害と工場・事業所のトップの利害は共通していると思いますか，それとも反していると思いますか．
(2) あなたは自分の利害とあなたの工場の生産労働者の利害は共通していると思いますか，それとも反していると思いますか．
(3) 経営者・管理者と従業員との信頼関係について，あなたはどの程度満足していますか．
(4) 経営者・管理者の能力について，あなたはどの程度満足していますか．
(5) 労働者と管理者とのコミュニケーションについて，あなたはどの程度満足していますか．
(6) 経営の意思決定への参加の機会について，あなたはどの程度満足していますか．
(7) あなたは会社に対してどんな感じをお持ちですか（「会社の発展のためには全力を尽くしたい」から「会社についてはまったく関心がない」まで）．
(8) あなたの工場・事業所の経営は，あなたの意思をどの程度反映していますか．
(9) あなたは今の会社をやめようと思ったことがありますか．

　以上のうち(7)を除く質問にはすべて5点法による回答選択肢が設けられており，(7)については4段階の回答選択肢をコーディングの過程で5段階に組み直した．そしてこれら9問の回答結果を項目分析にかけてみたところ，日本と東欧3ヵ国とスウェーデンと香港ではこれら9項目の間に有意な相関関係が認められ，その全部を企業帰属意識測定の尺度として使えることがわかった．しかし西ドイツ・フランス・イタリア・イギリスという西欧4ヵ国では，(2)以外の項目はすべて相関しているが，(2)だけはそれらから外れていることが判明した．いいかえれば，東欧や日本では生産労働者との利害共通感が企業帰属意識の一部をなしているのに対して，西欧ではこれが入っていない．つまり，東欧や日本の従業員の企業帰属意識とは生産労働者との一体感をも含めたものであるのに対して，西欧のそれは経営に対して特化した帰属意識であるといえる．

　ここから，東欧や日本の従業員における企業帰属意識とは生産労働者をも含

めた企業という組織全体に対する帰属意識，つまり組織帰属意識であるのに対して，西欧の場合には企業帰属意識はすぐれて経営に対する帰属意識，つまり経営帰属意識と特徴づけることができる．ここに企業帰属意識の2類型，すなわち日本や東欧にみられる組織帰属意識の型と，西欧にみられる経営帰属意識の型とを区別することができた．

なお，以下で経営帰属意識を測定する際には，国際比較のために共通項目を持つ必要から(2)を除く8項目を用いる[7]．

次に組合帰属意識を測定するために，次の5問[8]を取り上げ，同様の手続で尺度を構成した．なお，回答選択肢はいずれも5点法によっている．

(1) あなたは自分の利害と組合の職場委員（後の調査では事業所レベルの執行委員）の利害は共通していると思いますか，それとも反していると思いますか．
(2) あなたの組合はあなたの意思をどの程度反映していると思いますか．
(3) あなたは組合活動にどの程度参加していますか．
(4) 組合はあなたの工場・事業所の従業員の利益を護っていると思いますか．
(5) あなたは一般に組合活動にどの程度満足していますか．

このようにして構成された尺度で組合帰属意識を測定し，その結果とさきの経営帰属意識の測定結果との関連を分析してみる．

まずサンプルの中から労働組合員だけを取り出し，カイ自乗検定によって経営帰属意識と組合帰属意識との相関関係を調べると，表10-1のような結果が得られた（フランスは回答状況が悪かったため分析から除外）．

表10-1 経営帰属意識と組合帰属意識の相関（組合員のみ）

	カイ自乗数値	確率	相関関係
日　本	453.540	0.01	＋
香　港	24.973	0.01	＋
西ドイツ	－27.649	0.01	－
イタリア	5.790	21.54	
イギリス	5.283	25.94	
スウェーデン	28.116	0.01	＋
ハンガリー	142.386	0.01	＋
ポーランド	216.874	0.01	＋
ユーゴスラビア	290.032	0.01	＋

ここから，次のことがらを指摘することができる．

(ア) 経営帰属意識と組合帰属意識との相関は，観察対象9ヵ国のうち日本がもっとも高い．このことは他の国にくらべて日本の組合員の中に二重帰属意識の持ち主が多いことをうかがわせる．

(イ) しかし経営帰属意識と組合帰属意識は，日本ほどではないにせよ，ユーゴスラビア（スロベニア），ハンガリー，ポーランドという社会主義の東欧諸国でも，高い確率で正の相関を示している．さらに，福祉国家のスウェーデンでも正の相関が認められる．したがって二重帰属意識は日本の労働者に特有のものとはいえず，東欧諸国やスウェーデンでも多いとみられる．

(ウ) スウェーデン以外の西欧諸国では，企業帰属意識と組合帰属意識は必ずしも正の相関を示していない．たとえば，イギリスやイタリアでは両者の関係は無相関といってよく，西ドイツにいたっては負の相関になっている．西ドイツでは組合帰属意識が高い者は経営帰属意識が低く，逆に経営帰属意識が高い者は組合帰属意識が低いという関係がみられ，日本や東欧諸国と対照的な傾向が表れている．

経営帰属意識と組合帰属意識との関係が国によってこのように異なるとすれば，二重帰属意識の持ち主はそれぞれの国でどれくらいの割合を占めるのか．それを知るためにここでまた尾高邦雄とその研究グループが開発した分析手法を用いる．まずサンプル（組合員）を，経営帰属意識が高い者と中位の者と低い者とに3分割し，組合帰属意識についても同様にサンプルを3分割する．そしてその組合せを以下のように作る．

	企業帰属意識	組合帰属意識
高い	P	P
中位	N	N
低い	C	C

このうち経営帰属意識も組合帰属意識もともに高い二重帰属タイプ（P－P），ともに低い二重離反タイプ（C－C），経営帰属意識は高いが組合帰属意識は低い経営傾斜タイプ（P－C），逆に経営帰属意識は低いが組合帰属意識は高い組合傾斜タイプ（C－P）という4つの組合せだけを取り出し，各国におけるその割合を算出すると表10-2のようになる．

表10-2 帰属意識タイプの分布（85年）

	二重帰属	二重離反	経営傾斜	組合傾斜
日　本	18.6	17.9	5.4	5.3
香　港	18.3	17.3	2.9	5.8
西ドイツ	9.6	9.9	12.3	18.4
イタリア	11.7	12.6	9.5	9.7
イギリス	11.3	13.7	8.7	10.1
スウェーデン	14.9	14.6	8.4	6.9
ハンガリー	21.5	17.3	3.5	2.9
ポーランド	19.5	19.2	4.8	3.6
ユーゴスラヴィア	21.1	21.5	2.5	3.6

この表から，次の点を読み取ることができる．
(ア) 二重帰属意識（P－P）が多いのはまず東欧諸国であり，次いで日本である（20％前後）．
(イ) イタリア，イギリス，西ドイツという西欧諸国では上の国々にくらべて二重帰属意識は少ない（10％前後）．スウェーデンは東欧諸国と上記の西欧諸国の中間に位置する（15％）．
(ウ) 二重帰属意識が多い国々では同時に二重離反意識（C－C）も少なくない．
(エ) これに対して二重帰属意識が少ない国々では組合傾斜（C－P）か経営傾斜（P－C）かに帰属意識が分かれる．

これを要約すると，次のようになる．
　第1に，二重帰属意識は日本だけに特有のものではなく，東欧諸国など，日本とは異なる組合組織や労使関係制度が存在する国々でもかなりみられる．
　第2に，しかし二重帰属意識は西ドイツ，イギリス，イタリアなどの西欧諸国ではわずかしか見出せず，帰属意識は組合寄りか経営寄りかに分かれる傾向

がみられる．

　第3に，ここで観察している国は3つのグループに分けられる．すなわち，(1)意識が二重帰属か二重離反かに分かれる国（日本,東欧諸国,スウェーデン），(2)意識が組合寄りか経営寄りに分かれる国（西ドイツ），(3)上の2つのグループの中間の国（イギリス，イタリア）である．

　ところで，このうち(2)と(3)は労使関係が労働者と使用者の階級的な対立を土台として発達してきた国々であり，組合は企業の外で組織され，使用者に対して労働者の集団的な力をもって対決し交渉の実をあげていくことを原則としてきたが，(1)の東欧の国々では組合は経営に協力しかつ社会秩序の支えをなし，企業および体制のサブシステムをなしてきた．日本はこの東欧の国々と，二重帰属意識が多いという点で同じグループに属する．

　ちなみに労働者意識を社会統合の文脈で捉え直すと，2つの統合類型が浮かび上がってくる．第1は，個人は階級に包摂され，階級間の制度化された葛藤処理メカニズムを通じて社会に統合されるタイプ（労か使か）であり，第2は，個人が組織（企業・職場）を媒介として社会に統合されるタイプ（労も使も）である．日本や東欧諸国は後者によって特徴づけられ，スウェーデンもこれに近い．これらの国ではさきにみたように企業帰属意識は経営帰属意識というよりもむしろ組織帰属意識という性格を持ち，その中に組合帰属意識をも包摂している．なお，東欧諸国における経営および組合に対する帰属意識の特徴とその解釈については別稿を参照されたい[9]．

3. 帰属意識パターンの持続と変容

　上で行った議論は85年調査に拠っている．この調査は原則として重電,家電,通信，部品の各メーカーからサンプルを選ぶ形で行われたが，95年調査では原則として家電と通信の企業に対象を限定し，85年調査とほぼ共通のデザインを用いて再度調査が実施された．この95年調査の結果と85年調査のうちの

主として家電と通信のデータを比較すると，各国における10年間の変化をみることができる．この両時点のデータが使えるのは日本，ドイツ（西），イタリア，スウェーデン，ハンガリー，ポーランド，スロベニア（旧ユーゴ）の7ヵ国である．ではこれらの国でどんな変化がみられたか．表10-3がサンプルにおける帰属意識タイプの分布とその変化を示している．

表 10-3 帰属意識タイプの変化（家電と通信のみ）

	二重帰属 85年 / 95年	経営傾斜 85年 / 95年	組合傾斜 85年 / 95年	二重離反 85年 / 95年
日本	31.0 / 32.5	8.6 / 7.7	15.8 / 19.1	21.1 / 18.8
ドイツ	21.5 / 34.0	3.2 / 15.5	52.7 / 15.5	9.7 / 17.5
イタリア	11.5 / 15.8	8.6 / 18.6	32.2 / 21.9	26.1 / 23.8
スウェーデン	31.5 / 21.5	25.3 / 21.3	10.3 / 8.4	4.1 / 22.9
ハンガリー	40.8 / 39.7	14.6 / 16.9	5.4 / 9.3	17.7 / 15.2
ポーランド	11.6 / 18.0	26.6 / 29.5	0.6 / 6.3	43.9 / 27.1
スロベニア	18.5 / 14.2	17.1 / 28.2	5.6 / 4.2	39.1 / 32.4

この表から，次の点を指摘することができる．
(1) 日本とハンガリーは，85年調査と95年調査とでほとんど変化がみられない．これらの国ではもともと二重帰属意識が多かった．
(2) 旧東欧諸国のうちスロベニアとポーランドでは，二重離反意識が減って二重帰属意識と経営傾斜的意識が増えた．
(3) 逆にスウェーデンでは二重帰属意識が減り，二重離反意識が増えた．
(4) ドイツでは組合傾斜的意識が激減し，経営傾斜的意識も減って，逆に二重帰属意識が増え，反面二重離反意識も増え，経営側か組合側かに意識が分極化するパターンから，二重帰属か二重離反かに分かれるパターンに移行した．イタリアもドイツに似た傾向をみせている．

要約するならば，日本では帰属意識の分布パターンに基本的変化はみられず，旧東欧諸国ではやはり二重帰属か二重離反かという意識分化のパターンは基本的に継続している中で，社会主義崩壊後むしろ二重帰属意識が増える傾向にあり，スウェーデンでは逆に二重帰属から二重離反への移行が進み，ドイツやイタリアという西欧の国では労か使かという伝統的な帰属意識パターンが希薄に

なり，逆に二重帰属か二重離反かという帰属意識パターンが濃厚になってきたといえる．つまり，西欧にみられた階級対立をベースとした帰属意識パターンが，日本や東欧にみられる組織内統合をベースとしたパターンに収斂しつつあるかにみえる．

この点をさらに確かめるために，観察対象国を西欧（独・伊），東欧（波・洪・スロベニア），日本，スウェーデンの4つにまとめ，サンプルを生産労働者に絞って帰属意識の分布とその変化を示すと，表10-4のようになる．

表10-4 生産労働者における帰属意識タイプの変化（主として家電と通信）

	二重帰属 85年／95年	経営傾斜 85年／95年	組合傾斜 85年／95年	二重離反 85年／95年
日　本	28.1／25.0	5.1／4.4	26.3／18.3	19.4／23.0
西　欧	12.7／19.8	3.4／12.5	44.6／28.6	20.8／20.1
東　欧	15.2／22.4	20.3／22.1	5.5／7.1	43.9／30.4
スウェーデン	33.3／12.9	19.3／13.4	14.0／12.0	3.5／32.1

この表から読み取れるように，①西欧の特徴は組合傾斜型の顕著な減少と，二重帰属型および経営傾斜型の漸増にあり，②東欧の特徴はもともと組合傾斜型が少なく，しかも二重離反型が多かったが，それが減って二重帰属型が増えた点にあり，③スウェーデンでは二重帰属型が減って二重離反型が顕著に増え，④日本では組合傾斜型がやや減って二重離反型が微増した．

ドイツやイタリアに関しては80年代中葉以降，組織と人材管理の「弾力化」が追求され，伝統的なテーラー主義的作業編成と位階的組織構造の変革が進み，チームワーク方式の作業形態が職場に導入され，「改善運動」など職場レベルでの労働者の参加の機会が拡大された．それと同時に経営者は産業別労働協約による拘束を避け（「賃金協定逃れ」），使用者団体に入らずに組合抜きの企業内労使関係を打ち立てようとしてきた．いまやドイツの機械産業の場合，団体交渉の一方の当事者をなす使用者団体に加盟している企業は46％にすぎないという．このような人事管理と労使関係の新潮流の中で労働者の帰属意識パターンに変化が進んだとみられる[10]．

他方,スウェーデンでは労働者の経営参加が進められ,企業レベルでは共同決定制度,職場レベルではボルボの工場における準自律的作業集団にみられるような労働者の直接参加が試みられ,企業内では労使の協力関係が打ち立てられていたが,90年代には経済不況と国際競争の激化のもとでこの関係は崩れ,その反映として労働者の帰属意識は経営にも組合にも向わず,二重帰属の減少は二重離反の増大に繋がったとみられる[11]。

これらの国々における帰属意識の変化をみると,①東欧諸国では社会主義崩壊後労使関係の枠組が変わっても帰属意識の分布パターンは基本的に変わっていないこと,②西欧諸国では新しい経営管理スタイルの導入の普及の中で組合傾斜的意識が減って二重帰属・二重離反という帰属意識分布パターンが広がったことを指摘できる.

4. その後の動向

以上は,95年調査で得られた知見である.その後1999年-2001年にもう一度調査は行われている.その結果をみると,上記の傾向はさらに確証されるか.

この3度目の調査には16ヵ国が参加している.このうちサンプル数がひじょうに少なかったドイツ,サンプルに偏りがあったフランス,労働組合が存在しないモンドラゴン(スペイン),サンプリングと調査の方法が他と異なるアメリカ,労働組合関連の設問を欠くフィンランド,設問が揃っていなかったポーランドを除き,残りの10ヵ国について労使帰属意識の分布表を作ってみる(表10-5)[12].

これをみると,エストニア,イタリア,韓国,スロベニアに経営傾斜型が15%-20%強,チェコとスロバキアに組合傾斜型が13%-18%ほど見出されるが,これらの国でもこの2つの型をあわせた割合よりも,二重帰属型と二重離反型をあわせた割合のほうが大きい.00調査ではドイツとフランスという西欧の国が観察不可能になってしまったため東西比較ができず,スウェーデ

表10-5　00年調査における帰属意識タイプの分布

	P－P	P－C	C－P	C－C
日　　本	24.5	5.1	7.9	15.7
韓　　国	15.0	16.7	2.0	22.3
台　　湾	27.2	7.9	4.4	12.3
中　　国	41.3	5.5	2.4	16.1
ハンガリー	40.7	5.9	2.6	7.5
チェコ	13.6	7.6	18.5	13.6
スロバキア	32.1	1.5	13.0	10.7
スロベニア	11.8	15.1	2.2	12.4
エストニア	3.3	22.0	2.4	42.1
イタリア	11.0	18.6	4.1	19.3

ンが参加しなかった分を補うべきフィンランドのデータが不備だったため，先行する2度の調査との比較が十分にできないきらいがあるが，上でみるかぎり，帰属意識の分化は，経営傾斜か組合傾斜かに分極化するよりも，経営と組合の両者に帰属意識を持つか，あるいは両者のいずれに対して離反意識を持つかというような分かれ方をしている．とくに二重帰属型が多いのは中国とハンガリーであり，それに次ぐのがスロバキア，日本，台湾であり，これに対して二重離反型がとくに多いのはエストニアで，それに次ぐのが韓国とイタリアであり，脱社会主義諸国の間でも資本主義諸国の国でも，国による特徴の違いがあらわれているが，95年調査で見出された二重帰属か二重離反かへの意識分化の一般的傾向は，00調査においても確認されたといえる．

5. 総　　括

　以上の分析結果をふまえて，本章の最初の部分で提起した疑問点に立ち返ろう．

　「近代社会」仮説によれば，近代社会に住む人間は自らの多様な欲求と関心を充足させるためにそれぞれの欲求と関心に見合った集団に関わり，したがって異なる集団に同時に参加することに矛盾を感じず，それぞれの集団に同時に帰属意識を持ちうる．企業という集団と組合という集団に関してもそれはあ

てはまり，それゆえ経営と組合とに同時に帰属意識を持っても不思議ではない．したがって，二重帰属意識は近代社会に普遍的な現象である，という．したがって，これは「普遍性」論と重なる．

もしそうだとするならば，なぜ，日本とドイツやイタリアやイギリスとの間に違いが出てくるのか．85年調査によれば，これらの西欧諸国では労働者の意識は二重帰属の形をとらず，経営帰属意識か組合帰属意識か（とくに後者）に分かれるパターンを示した．では日本に二重帰属意識が多くみられるのは，日本社会が近代社会として未成熟だからか．それならばスウェーデンでも二重帰属意識が多いのはどう説明されるのか．少なくとも85年調査では独・伊・英の西欧諸国は日本と異なる帰属意識パターンを示しており，それゆえ二重帰属意識は近代社会に普遍的であるという仮説には無理があるといえる．

他方「階級社会」仮説に立とうとすると，別な問題にぶつかる．ハンガリー，ポーランド，スロベニアといった89年まではなんらかの型の社会主義体制をとってきた国々では，西欧諸国とは異なるパターン，つまり二重帰属か二重離反かに意識が分かれるという，日本に似たパターンがみられた．スウェーデンも同様である．したがって二重帰属意識を日本特有の現象だという「特殊性」論には無理がある．では，日本が資本主義体制をとるドイツやイギリスやイタリアとは似ずに，当時社会主義体制をとっていた東欧諸国と似たパターンを示したのはなぜか．この問題に踏み込むとすれば，日本と西欧諸国との資本主義体制という共通性だけでなく，両者の間の労使関係の枠組や組合組織の形態，さらには経営スタイルの国による違いを，考慮に入れなければならないだろう．また東欧諸国の帰属意識パターンを理解するためには，社会主義的工業化の特殊性と社会主義社会の構造的特質を踏まえる必要があろう[13]．

ところで東欧諸国では社会主義崩壊後，資本主義化を推し進めてきたにもかかわらず，帰属意識が経営か組合かに両極化する西欧諸国のようなパターンをとらず，二重帰属か二重離反かに分かれるパターンを維持している．スウェーデンも同様である．また，95年調査に参加したフィンランドもそうである[14]．他方，ドイツやイタリアでは1980年代後半から1990年代中葉にかけて組合傾

斜的な意識が減少し，帰属意識が二重帰属か二重離反かに分かれてきた．つまり帰属意識の分かれ方が日本などに似てきており，一定の収斂化傾向がみられる．その背景にはこれら西欧の国々における経営スタイルの変容（ある種のジャパナイゼーション），労働と組織における脱テーラーイズム，脱フォーディズムの進行，そして労使関係と賃金・労働条件の決定メカニズムの変化などがあろう．こうした経営と労使関係の変動傾向が普遍的なものだとするならば，それにともなって帰属意識も経営か組合かといった分かれ方ではなく，二重帰属か二重離反かという分化を基軸とするパターンに収斂してくるだろう．

その中で，二重離反意識が優位に立つようになれば，たんに企業レベルの問題だけでなく，あらたにマクロレベルにおける社会統合の問題が出てくると思われる．二重離反意識は，企業と組合いう組織をベースとし，制度化された労使関係を媒介として諸個人が社会に包摂されるという，従来型の個人と社会の関係が成り立ちにくくなってきたことの兆候とみられる．この二重離反意識の広がりを，組織離れした個人の自立化の現れとみるか，メゾレベルにおける社会統合の危機の表現とみるか．これはポスト・フォーディズムの抱える矛盾構造の一端を表わしていると思われる．

（石川晃弘）

注）
1) 尾高邦雄『産業における人間関係の科学』有斐閣，1953年；同『産業社会学』ダイヤモンド社，1958年．
2) 尾高邦雄「労使関係と人間関係」『労使関係と人間関係』労使関係調査会，1962年，所収．
3) 松島静雄「労使関係」『階級と組合（講座社会学6）』東京大学出版会，1957年，所収．
4) 尾高邦雄『労使関係と人間関係』（前掲）．
5) 尾高邦雄『産業社会学』（前掲）．
6) 本章は，石川晃弘「現代市民社会と労使関係の変容」青井和夫・高橋徹・庄司興吉編『現代市民社会とアイデンテイテイ』梓出版，1998年，所収，をベースとして，それに修正添削を加えて作られた．
7) 95年調査では(5)(6)が設問に入っていないので，経営帰属意識測定の尺度から

外されている．(9)もこの測定に用いられていない．したがって尺度は残りの5項目からなる．
8) 後の調査では(4)が設問に入っていないため，95年調査での組合帰属意識の測定にはこれを除く4項目で尺度構成をしている．
9) 石川晃弘「企業帰属意識の国際比較」『中央大学社会科学研究所研究報告』10，中央大学社会科学研究所，1990年所収；同「東欧は過去の社会主義から何を引き継ぐべきか」『労働研究時報』12，東京都立労働研究所，1991年，所収．
10) 『各国電機産業の現状と労使関係に関するナショナルレポート』電機連合調査時報290（1996年）所収のドイツ関連論文，イタリア関連論文を参照．
11) 同上所収のスウェーデン関連論文を参照．
12) 00年調査で用いた設問は95年調査のそれと若干異なるため，経営帰属意識に関しては95年調査と同様の設問を用いるが，組合帰属意識についてはさきにあげた(1)(2)(3)(5)に次の2項目を加えて尺度構成をする．①「あなたは自分と会社レベルの組合役員とは利害が共通していると思いますか，それとも利害が反していると思いますか」，②「あなたは産業レベルの組合活動にどの程度満足していますか」．
13) 石川「東欧は過去の社会主義から何を引き継ぐべきか」（前掲）．
14) 95年調査のフィンランドでは，二重帰属型が35.5%，二重離反型が43.1%，これに対して経営傾斜型は29.7%，組合傾斜型は7.0%だった．

国際共同調査チーム参加者：氏名と所属（調査時点）

イギリス
　Keith Thurley（キース・サーリー：ロンドン大学ロンドン・スクール・オヴ・エコノミックス）
　Roderick Martin（ロデリック・マーチン：グラスゴー大学経営学部）
　Chris Warhurst（クリス・ヴァーハースト：ストラチクライド大学人材管理学部）
フランス
　Marc Maurice（マルク・モーリス：フランス・労働経済学社会学研究施設）
ドイツ
　Werner Fricke（ヴェルナー・フリッケ：フリードリッヒ・エーベルト財団研究所）
　Else Fricke（エルゼ・フリッケ：フリードリッヒ・エーベルト財団研究所）
　Wilfried Kruze（ヴィルフリート・クルーゼ：ドルトムント社会調査研究所）
イタリア
　Francesco Consoli（フランチェスコ・コンソリ：ローマ大学統計学部）
　Pierra Rela（ピエラ・レラ：ローマ大学統計学部）
　小寺京子（中央大学大学院）
スウェーデン
　Bengt Sandkull（ベングト・サンドクル：リンショピン大学技術研究所）
　Carl le Grand（カール・レ・グランド：ストックホルム大学社会学部）
　Christofer Edling（クリストファ・エドリング：ストックホルム大学社会学部）
フィンランド
　Erkki Asp（エルッキ・アスプ：トゥルク大学社会学部）
スペイン
　Jose Larrea Gayarre（ホセ・ラレア・ガヤッレ：バスク大学経営学部）
ポーランド
　Witold Morawski（ヴィトルド・モラフスキ：ワルシャワ大学社会学研究所）
　Jolanta Kulpińska（ヨランタ・クルピンスカ：ウーチ大学社会学研究所）
　Bogdan Cichomski（ボグダン・チホムスキ：ワルシャワ大学社会学研究所）
チェコ
　Zdeněk Janata（ズデニェク・ヤナタ：チェコ共和国労働社会問題研究所）
　Zdena Mansfeldová（ズデナ・マンスフェルドヴァー：チェコ科学アカデミー付属社会学研究所）
　Aleš Kroupa（アレシュ・クロウパ：チェコ共和国労働社会問題研究所）
スロバキア
　Sylvia Vehovszka（シルヴィア・ヴェホフスカ：中央社会市場調査研究所）
　Monika Čambáliková（モニカ・チャンバーリコヴァー：スロバキア科学アカデミ

―付属社会学研究所）
ハンガリー
　Csaba Makó（チャバ・マコー：ハンガリー科学アカデミー付属社会学研究所）
　Péter Novosáth（ペーテル・ノヴォサート：ハンガリー科学アカデミー付属社会紛争研究所）
　Agnes Novosáth（アグネシュ・ノヴォサート：ハンガリー科学アカデミー付属社会紛争研究所）
スロベニア（旧ユーゴスラビア）
　Veljko Rus（ヴェリコ・ルス：リュブリアナ大学社会科学研究所）
　Andrej Rus（アンドレイ・ルス：リュブリアナ大学社会科学研究所）
　Mirna Macur（ミルナ・マツール：リュブリアナ大学社会科学研究所）
エストニア
　Ruth Alas（ルート・アラス：エストニア・ビジネス・スクール）
中国
　王鴻翔（ワン・ホンシアン：中央大学大学院文学研究科）
韓国
　朴榮基（パク・ユンキ：西江大学校経営学部）
　鄭弘翼（チュン・ホンイク：ソウル国立大学行政大学院）
　孔裕植（ゴン・ヨーシク：亜州大学社会科学部）
台湾
　張家銘（チャン・チアミン：東呉大学社会学部）
　黄庭邦（ファング・ティングバン：東呉大学経営学部）
香港
　陳嘉年（チェン・ジアニエン：香港中文大学経営学部）
日本
　石垣辰男（電機労連調査部）
　﨑岡利克（電機連合政策調査部）
　白石利政（労働調査協議会）
　石川晃弘（中央大学文学部）

組合員アンケート

調 査 票

1999年9月　電機連合

お願い：電機連合の活動をさらに充実したものとするために，ふだん私たちの身のまわりで起こっているいろいろなことについてお聞きします．個人別の封筒は，支部や単組では開封しません．電機連合でまとめて集計しますので，個人的なことが外部に知られることはありません．思っていること，考えていることなど，ありのままにご記入ください．

　　　　　記入済みの調査票は，直接返信用封筒に入れ密封のうえ組合の担当者にわたしてください．封筒に入れる際，ホッチキスどめは開封作業に手間どりますので避けてください．

記入上の注意：回答は □ 内に該当する番号を記入してください．特に，ことわりのないものは1つだけ選んでください．

Q1. 今の会社に入社してからの仕事についてうかがいます．A，Bそれぞれについて該当する番号を選んでください．

	1 技能職	2 事務職（営業・販売を含む）（一般職）	3 技術職	4 監督職	5 その他	
A．あなたの現在の仕事の種類	1	2	3	4	5	A (8) □
B．あなたが今の会社に入社して最初に配属された仕事の種類	1	2	3	4	5	B (9) □

Q2. あなたは現在，つぎにあげるA〜Jの仕事をしていますか．それぞれについて該当する番号を選んでください．

	1 はい	2 いいえ		
A．機械の操作や組立	1	2	A (10)	
B．保守や修理	1	2	B (11)	
C．品質管理や検査	1	2	C (12)	
D．営業・販売・サービス	1	2	D (13)	
E．プログラミングやソフトウエア	1	2	E (14)	
F．事務やデータ処理	1	2	F (15)	
G．管理・監督	1	2	G (16)	
H．製品に関する研究開発・設計，その他のエンジニアリング	1	2	H (17)	
I．製造工程に関する研究開発・設計，その他のエンジニアリング	1	2	I (18)	
J．その他	1	2	J (19)	

Q3. あなたの仕事についてうかがいます．つぎにあげるA～Kのそれぞれについて該当する番号を選んでください．

	1 まさにその通りだ	2 だいたいその通りだ	3 あまりそうではない	4 まったく違う	5 どちらともいえない		
A．仕事を通して自分の能力を発揮できる	1	2	3	4	5	A (20)	
B．自分の作業についてある程度自分で決定できる	1	2	3	4	5	B (21)	
C．自分の仕事は反復的だ	1	2	3	4	5	C (22)	
D．ミスをしたら大変な結果になる	1	2	3	4	5	D (23)	
E．仕事を通して新しいことが学べる	1	2	3	4	5	E (24)	
F．仕事中，他の人と話す機会がある	1	2	3	4	5	F (25)	
G．自分の作業の能率は職場の他の人達の仕事ぶりで決まる	1	2	3	4	5	G (26)	
H．機械にしばられている仕事だ	1	2	3	4	5	H (27)	
I．自分の仕事はローテーションで行なわれている	1	2	3	4	5	I (28)	
J．自分の仕事はどちらかといえばチーム作業である	1	2	3	4	5	J (29)	
K．自分の仕事は仕事に関する知識の絶えざる向上が求められている	1	2	3	4	5	K (30)	

Q4. あなたは自分とつぎにあげるA～Hの人達とは利害が共通していますか，それとも利害が反していますか．それぞれについて該当する番号を選んでください．

	1 利害は一致している	2 利害はかなり似ている	3 利害が多少異なる面がある	4 利害はかなり異なっている	5 利害は反している
A．あなたの直属上司	1	2	3	4	5
B．工場・事業所のトップ	1	2	3	4	5
C．あなたの工場・事業所の生産労働者	1	2	3	4	5
D．あなたの工場・事業所の技術系労働者	1	2	3	4	5
E．あなたの工場・事業所の事務系労働者	1	2	3	4	5
F．本社の経営者	1	2	3	4	5
G．会社レベルの組合役員	1	2	3	4	5
H．工場・事業所レベルの組合役員	1	2	3	4	5

A (31)
B (32)
C (33)
D (34)
E (35)
F (36)
G (37)
H (38)

Q5．あなたは組合活動にどの程度参加していますか．
1．いつも参加している
2．しばしば参加している
3．たまに参加している
4．めったに参加しない
5．まったく参加しない

(39)

Q6．あなたの組合はあなたの意思をどの程度反映していますか
1．よく反映している　　　　4．まったく反映していない
2．ある程度反映している　　5．組合には期待していない
3．あまり反映していない

(40)

Q7．あなたの工場・事業所の経営は，あなたの意思をどの程度反映していますか
1．よく反映している　　　　4．まったく反映していない
2．ある程度反映している　　5．経営には期待していない
3．あまり反映していない

(41)

Q8．あなた自身の経験に照らして，つぎの事柄についてあなたの意見や要望をいちばん代表しているのはどれですか．A～Iのそれぞれについて該当する番号を選んでください（本設問の場合，選択肢3はありません．無視してください）．

	1 経営	2 組合	3	4 直属の上司	5 誰もいない		
A．作業環境	1	2	—	4	5	A	(42)
B．仕事の保障	1	2	—	4	5	B	(43)
C．教育訓練	1	2	—	4	5	C	(44)
D．賃金	1	2	—	4	5	D	(45)
E．福利厚生	1	2	—	4	5	E	(46)
F．作業編成・職務設計	1	2	—	4	5	F	(47)
G．残業の扱い	1	2	—	4	5	G	(58)
H．異動・配置	1	2	—	4	5	H	(49)
I．昇進・キャリア	1	2	—	4	5	I	(50)

Q9. つぎにあげる事項について，あなたはどの程度満足していますか．A～Oのそれぞれについて該当する番号を記入してください．

	1 大変満足だ	2 ある程度満足	3 どちらともいえない	4 あまり満足でない	5 大変不満だ		
A．作業環境（採光，室温，騒音など）	1	2	3	4	5	A	(51)
B．経営者・管理者と従業員との信頼関係	1	2	3	4	5	B	(52)
C．作業量・作業負担	1	2	3	4	5	C	(53)
D．労働時間の長さ	1	2	3	4	5	D	(54)
E．給料・諸手当	1	2	3	4	5	E	(55)
F．経営者・管理者の能力	1	2	3	4	5	F	(56)
G．昇進の機会	1	2	3	4	5	G	(57)
H．教育訓練	1	2	3	4	5	H	(58)
I．雇用の保障	1	2	3	4	5	I	(59)
J．男女の機会平等	1	2	3	4	5	J	(60)
K．福利厚生	1	2	3	4	5	K	(61)
L．上司との関係	1	2	3	4	5	L	(62)
M．同僚との関係	1	2	3	4	5	M	(63)
N．仕事の面白さ	1	2	3	4	5	N	(64)
O．会社から提供される経営情報	1	2	3	4	5	O	(65)

Q10. あなたは会社に対してどんな感じをお持ちですか
1．会社の発展のために自分の最善をつくしたい
2．会社が私に報いてくれる程度に会社につくしたい
3．会社に対してこれといった感じをもっていない
4．会社についてはまったく関心がない

(66)

Q11. 労働組合は企業レベルで，どのような活動に力をいれるべきだと思いますか．
A～Kのそれぞれについて該当する番号を記入してください

	1 大変重要	2 ある程度重要	3 それほど重要ではない	4 まったく重要ではない	5 どちらともいえない	
A．仕事の保障と雇用の確保	1	2	3	4	5	A (67)
B．労働時間の短縮	1	2	3	4	5	B (68)
C．作業量・作業方法	1	2	3	4	5	C (69)
D．夏季休暇など特別休日や有給休暇	1	2	3	4	5	D (70)
E．賃上げ	1	2	3	4	5	E (71)
F．福利厚生	1	2	3	4	5	F (72)
G．教育訓練	1	2	3	4	5	G (73)
H．作業の編成と生産設備や装置の編成	1	2	3	4	5	H (74)
I．作業環境（労働災害や職業病）	1	2	3	4	5	I (75)
J．異動	1	2	3	4	5	J (76)
K．経営施策への影響力	1	2	3	4	5	K (77)

Q12. 労働条件の維持・改善にあたって，組合の力量を強めるにはどのようなことが必要だと思いますか．つぎのなかから2つ以内で選んでください．
1．組合についての法的権利を高める
2．組合の組織率を高める
3．経営上の意思決定に労働者の参加をおしすすめる
4．組合間の協力を作りだす
5．組合の民主的運営を強める
6．組合役員の教育をすすめ，質を高める
7．経営者・管理者の教育をすすめ，質を高める
8．組合が政府や政党からの自主性を強める

(78-79)

Q13. あなたは労働組合の活動をどのように評価していますか．A～Bのそれぞれについて回答してください．

	1 大変満足している	2 ある程度満足している	3 なんともいえない	4 どちらかといえば不満だ	5 まったく不満だ
A．工場・事業所内の組合	1	2	3	4	5
B．電機連合	1	2	3	4	5

A (80)
B (81)

Q14. 日本はどんな社会をめざすべきだと思いますか．A～Hのそれぞれについて該当する番号を記入してください．

	1 大変重要	2 ある程度重要	3 それほど重要ではない	4 まったく重要ではない	
A．人々が物質的に豊かな生活のできる社会	1	2	3	4	A (82)
B．みんなが協力しあえる社会	1	2	3	4	B (83)
C．人々がよきしきたりやならわしを大切にし，それに従っている社会	1	2	3	4	C (84)
D．人々の間の平等な関係をより進めていく社会	1	2	3	4	D (85)
E．個々人が人生のチャンスを切り開いていける社会	1	2	3	4	E (86)
F．犯罪の少ない秩序のある社会	1	2	3	4	F (87)
G．人々が安らかな気持ちで生活できる社会	1	2	3	4	G (88)
H．人々が自分の働いた成果を自分のものにできる社会	1	2	3	4	H (89)

Q15. 日本には社会的格差（不平等）が存在しますか？
1．非常に大きな格差がある
2．大きな格差がある
3．ある程度の格差がある
4．格差は小さい
5．まったく格差はない

(90)

Q16. 年齢
1．20歳未満
2．20 - 24歳
3．25 - 29歳
4．30 - 34歳
5．35 - 39歳
6．40 - 44歳
7．45 - 49歳
8．50 - 54歳
9．55 - 59歳
10．60歳以上

(91-92)

Q17. 性別
1．男性
2．女性

(93)

Q18A. 既未婚
1．未婚
2．既婚 ──→ Q18B. 扶養している子どもの数
3．その他（離婚，死別など）

(94)　(95)

Q19. 学歴
1．中卒
2．高卒
3．短大・高専卒
4．大卒以上

(96)

Q20A. ここ5年間のうちで，あなたは会社が主催したり推薦した，社内外の職業教育訓練やセミナーを受けたことがありますか．
1．はい ──→ Q20B.「はい」の場合は，その内容を記入してください
2．いいえ　　（　　　　　　　　　　　　　　　　　　　　　　　）

(97)

Q21. この会社での勤続年数
　　　　年

(98-99)

Q22. 今の会社に入る前に，あなたはどのくらい会社をかえましたか．アルバイトは除きます．
1．今の会社が始めて
2．1回
3．2回
4．3回
5．4回以上

(100)

Q23. あなたは今の会社をやめようと思ったことがありますか．
1．しょっちゅう
2．しばしば
3．ときどき
4．めったにない
5．まったくない

(101)

Q24. もし，仕事をかえる機会があったら，あなたはどうされますか．
1．今の仕事にとどまりたい
2．もっと責任のある仕事につきたい
3．監督職や管理職につきたい
4．自分自身の事業をはじめたい
5．もう働きたくない
6．その他

(102)

Q25. あなたは職場生活を全体的にみてどのように評価していますか
1．大変満足だ
2．ある程度満足
3．どちらともいえない
4．あまり満足ではない
5．大変不満だ

(103)

Q26. 月当たりの超過労働時間はどのくらいですか．

□ 時間
(104-105)

Q27. あなたの,勤務先からの収入はどのくらいです.税込月収(時間外手当ては含める.但し,一時金は除く)で記入してください.

☐ 万円くらい
(106-107)

Q28. 組合役員の経験(過去に経験し現在もやっている人は現在で,また現在職場レベルと工場・事業所レベル以上でやっている人は工場・事業所レベルで記入してください).
1.ない
2.過去に経験したことがある
3.現在,職場レベルの役員
4.現在,工場・事業所レベル以上の役員

(108)

Q29. あなたは,富や収入についてどのように考えていますか.A~Gのそれぞれについて該当する番号を記入してください.

	1 まさにその通り	2 だいたいその通り	3 どちらともいえない	4 あまりそうは思わない	5 まったくそうは思わない		
A.公平な分配とは,皆に等しく分けることである	1	2	3	4	5	A	(109)
B.富を手に入れるうえで公平といえるのは,チャンスが皆に保障されているときだけである	1	2	3	4	5	B	(110)
C.他の人との格差がでても,自分の稼いだものを自分のものにするのは当然だ	1	2	3	4	5	C	(111)
D.一所懸命働いた人が,そうでない人より多くの収入を得るのは当然だ	1	2	3	4	5	D	(112)
E.資産を子どもに相続させるのは当然である	1	2	3	4	5	E	(113)
F.所得の再配分を通して,必要な分だけ受け取ることが大切だ	1	2	3	4	5	F	(114)
G.他人より知識や技能に恵まれているのはたんなる巡り合わせだから,それによって他人より多くの収入を得るのはよくない	1	2	3	4	5	G	(115)

Q30. あなたにとって仕事とは何ですか．A～Fのそれぞれについて該当する番号を記入してください．

	まったく違う		どちらともいえない		まさにその通り		
A．地位や名声が得られる	1	2	3	4	5	A	(116)
B．必要な収入が手に入る	1	2	3	4	5	B	(117)
C．夢中になれる	1	2	3	4	5	C	(118)
D．働くことで人と交流ができる	1	2	3	4	5	D	(119)
E．社会へ貢献ができる	1	2	3	4	5	E	(120)
F．仕事の面白さと満足を与えてくれる	1	2	3	4	5	F	(121)

Q31. あなたの生活全体のなかで，仕事はどの程度重要ですか．「まったく重要でない」を1，「普通」を4，「もっとも重要」を7とした場合，どこにあてはまりますか．該当する番号を記入してください．

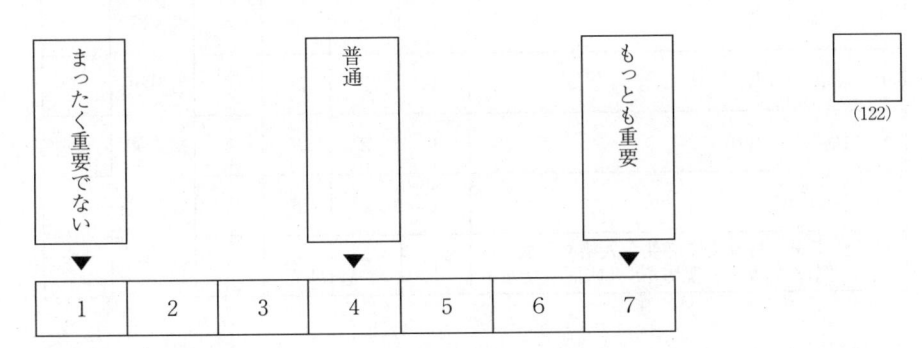

まったく重要でない			普通			もっとも重要
1	2	3	4	5	6	7

(122)

Q32. つぎにあげるA～Oの項目は，従業員の賃金を決めるさい，どの程度考慮すべきと思いますか．それぞれについて該当する番号を記入してください．

	1 大いに考慮すべきだ	2 ある程度考慮すべきだ	3 あまり考慮すべきではない	4 まったく考慮すべきでない		
A．学歴	1	2	3	4	A (123)	
B．仕事の不快さ（汚さ，騒音，骨のおれる仕事）	1	2	3	4	B (124)	
C．仕事の達成度	1	2	3	4	C (125)	
D．扶養家族数	1	2	3	4	D (126)	
E．仕事上のスキル（技能や技術，熟練など）	1	2	3	4	E (127)	
F．勤続年数	1	2	3	4	F (128)	
G．年齢	1	2	3	4	G (129)	
H．性（男性か女性か）	1	2	3	4	H (130)	
I．グループやチームの業績	1	2	3	4	I (131)	
J．会社の業績	1	2	3	4	J (132)	
K．肉体的負荷	1	2	3	4	K (133)	
L．精神的負荷	1	2	3	4	L (134)	
M．仕事上の責任	1	2	3	4	M (135)	
N．外国語の能力	1	2	3	4	N (136)	
O．仕事をするうえで必要な人格や気質（例：思いやり，親切さ，几帳面さなど）	1	2	3	4	O (137)	

Q33. 労働時間の短縮で自由時間が増えたさい，あなたは何に使いたいですか．主なものを2つ以内で選んでください．

1．家で休養，家族と過ごす
2．友達との交際
3．家事仕事
4．体力や健康の維持向上の活動
5．ボランティアやチャリティ活動
6．自己研鑽
7．趣味
8．宗教活動
9．追加収入を得るための仕事

(138-139)

Q34A．あなたは公的年金の取得資格を得たあとも働きますか，働きませんか．

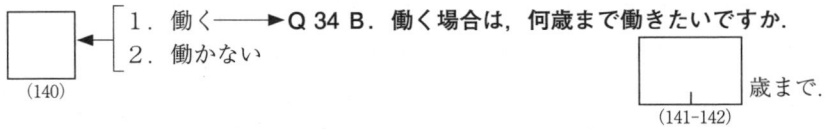

1．働く ──→ Q34B．働く場合は，何歳まで働きたいですか．
2．働かない

(140)

────歳まで．
(141-142)

Q35. あなたは，日本で外資系企業が活動することの影響についてどのように考えますか．A～Gのそれぞれについて該当する番号を記入してください．

	1 強まる（高まる）	2 変わらない	3 弱まる（低まる）	4 なんともいえない		
A．雇用の安定	1	2	3	4	A (143)	
B．賃金水準	1	2	3	4	B (144)	
C．教育訓練や昇進の機会	1	2	3	4	C (145)	
D．組合と経営との協力関係	1	2	3	4	D (146)	
E．仕事の規律（経営の管理）	1	2	3	4	E (147)	
F．経営者の能力	1	2	3	4	F (148)	
G．従業員利益の確保	1	2	3	4	G (149)	

（ご協力，大変ありがとうございました）

有効回収枚数からみたサンプル構成

	85年					95年					00年				
	N=	重電	家電	通信	部品	N=	重電	家電	通信	部品	N=	重電	家電	通信	部品
スウェーデン	851	293		343	215	570		201	369						
フィンランド						363	210	153			340		170	170	
ドイツ	394	61	49	185	99	131			131		49	49			
フランス	537	113	201	139	94	105			105		215	13	73	30	99
イギリス	716		471	245											
イタリア	972	292	222	250	208	764	181	209	267	107	246		95		151
スペイン						168		168			152				152
エストニア											551	63		488	
ポーランド	1,472	386	361	360	365	640		640			631		163	468	
チェコ						386		186	200		308		208		100
スロバキア						411		208	203		214		214		
スロベニア	1,276	385	332	330	229	635		189	231	215	339	185	74	80	
ハンガリー	1,498	337	400	383	378	411		411			517		517		
日本	3,077	811	654	775	837	981		499	482		870		466	404	
韓国						745		745			572		460		112
台湾											253		158	95	
香港	442	12	126	149	116										
中国						549		285	264		453		216	237	
アメリカ											253	35	23	152	43

注：85年の香港には業種不明が39件

編者紹介

石川晃弘（いしかわあきひろ）
1938 年生まれ
1964 年　東京大学大学院社会学研究科・博士課程中退
現　職　中央大学文学部教授，社会学博士
［主著］　『社会変動と労働者意識』（単著，日本労働協会，1975）
　　　　　『産業社会学』（編著，サイエンス社，1988）
　　　　　『変わる組織と職業生活』（共編著，学文社，1999）

白石利政（しらいしとしまさ）
1947 年生まれ
1970 年　法政大学法学部卒業
現　職　労働調査協議会常務理事，労働調査専攻
［主論文］　"Work Satisfaction"（Workers, Firms and Unions（Part II），
　　　　　Peter Lang, 2000）
　　　　　「都市と地方の労働者」（『化学産業の職場と組合』日本評論社，
　　　　　2002）
　　　　　「労働組合の社会的活動について」（『労働調査』2003 年 6 月号）

国際比較からみた 日本の職場と労働生活
─────────────────────────────
2005 年 10 月 15 日　第一版第一刷発行

編著者　石　川　晃　弘
　　　　白　石　利　政
発行者　田　中　千津子
発行所　㈱　学　文　社

〒 153-0064　東京都目黒区下目黒 3-6-1
電話（03）3715-1501（代表）　振替　00130-9-98842
　　　　　　　http://www.gakubunsha.com

乱丁・落丁は，本社にてお取替え致します。　　　印刷所　新灯印刷
定価は，カバー，売上カードに表示してあります。　　〈検印省略〉

ISBN4-7620-1460-5